红色广东丛书

广东中央苏区

南雄革命简史

中共广东省委党史研究室
南雄市史志办公室　编著

SPM
南方出版传媒
广东人民出版社
·广州·

图书在版编目（CIP）数据

广东中央苏区南雄革命简史 / 中共广东省委党史研究室，南雄市史志办公室编著. —广州：广东人民出版社，2021.6

（红色广东丛书）

ISBN 978-7-218-15031-4

Ⅰ. ①广… Ⅱ. ①中…②南… Ⅲ. ①中央苏区—革命史—南雄 Ⅳ. ① K269.4

中国版本图书馆 CIP 数据核字（2021）第 101149 号

GUANGDONG ZHONGYANG SUQU NANXIONG GEMING JIANSHI

广东中央苏区南雄革命简史

中共广东省委党史研究室
南雄市史志办公室 编著

出 版 人：肖风华

责任编辑：夏素玲
封面设计：河马设计　李卓琪
责任技编：吴彦斌　周星奎
排版制作：广州市广知园教育科技有限公司

出版发行：广东人民出版社
地　　址：广州市海珠区新港西路 204 号 2 号楼（邮政编码：510300）
电　　话：（020）85716809（总编室）
传　　真：（020）85716872
网　　址：http://www.gdpph.com
印　　刷：广东鹏腾宇文化创新有限公司
开　　本：787 mm × 1092 mm　1/16
印　　张：12.75　　　　　字　数：122 千
版　　次：2021 年 6 月第 1 版
印　　次：2021 年 6 月第 1 次印刷
定　　价：38.00 元

如发现印装质量问题，影响阅读，请与出版社（020 — 85716849）联系调换。
售书热线：（020）85716826

《广东中央苏区革命简史》编委会

主　任：陈春华

副主任：刘　敏　邓文庆

编　委：姚意军　张启良

《广东中央苏区南雄革命简史》编辑部

主　编：肖兴麟

总　序

百年征程波澜壮阔，百年大党风华正茂。习近平总书记在党史学习教育动员大会上指出："我们党的一百年，是矢志践行初心使命的一百年，是筚路蓝缕奠基立业的一百年，是创造辉煌开辟未来的一百年。"翻开风云激荡的百年党史，一代又一代中国共产党人，用鲜血和生命浸染了党旗国旗的鲜亮红色，书写了可歌可泣的历史篇章，铸就了彪炳史册的丰功伟绩。一百年来，党的红色薪火代代相传，革命精神历久弥坚，红色基因已深深根植于共产党人的血脉之中，成为我们党坚守初心、永葆本色的生命密码。

广东是一片红色的热土，不仅是近代民主革命的策源地，也是国内最早传播马克思主义、最早成立共产党早期组织的省份之一。在新民主主义革命的漫长历程中，广东党组织在中共中央的领导下，发动、组织和领导广东人民开展了一系列广泛而深远的革命斗争。1921 年，广东党组织成立后，积极开展工人运动、青年运动，并点燃农民运动星火。

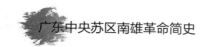
第一、二、三次全国劳动大会连续在广州召开，全国工人运动的领导机关——中华全国总工会在广州诞生。中国社会主义青年团第一次全国代表大会在广州召开，促进了全国团组织的建立、发展。在"农民运动大王"彭湃领导下，农潮突起海陆丰影响全国。

1923年，中共中央机关一度迁至广州，中国共产党第三次全国代表大会在广州召开，推动形成了第一次国共合作，建立了国民革命联合战线，掀起了大革命的洪流。随后，在共产党人的建议下，黄埔军校在广州创办，周恩来等共产党人为军校的政治工作和政治教育作出了重要贡献，中国共产党也从黄埔军校开始探索从事军事活动。在共产党人的提议下，农民运动讲习所在广州开办，先后由彭湃、阮啸仙、毛泽东等共产党人主持，红色火种迅速播撒全国。1925年，广州和香港爆发省港大罢工，声援五卅运动，成为大革命高潮时期一个十分引人注目的重要斗争。1926年，在统一广东革命根据地后，国民革命军在广州誓师北伐，以共产党员为骨干的北伐先锋叶挺独立团所向披靡，铸就了铁军威名。在北伐战争胜利推进的同时，广东共产党组织和党领导的革命队伍迅速扩大和发展，全省工农群众运动也随之进入高潮。

1927年"四一二"反革命政变以后，广东共产党组织在全国较早打响反抗国民党反动派血腥屠杀的枪声，广州起义与南昌起义、秋收起义一起，成为中国共产党独立领导中国革命、创建人民军队的伟大开端。随后，广东党组织积极探索推进工农武装割据，在海陆丰建立第一个县级苏维埃政权，并率先开展土地革命，开启了中国共产党领导人民进行的最重大的社会变革。与此同时，广东中央苏区逐步创建和发展起来，为中国革命的发展作出了不可磨灭的贡献。1931年，连接上海中共中央机关与中央苏区的中央红色交通线开辟，交通线主干道穿越汕头、大埔，成功转移了一大批党的重要领导，传送了重要文件和物资，成为土地革命战争时期党的红色血脉。1934年，中央红军开始了举世瞩目的长征，广东是中央红军从中央苏区腹地实施战略转移后进入的第一个省份，中央红军在粤北转战21天，打开了继续前进的通道，成功走向最后的胜利。留守红军在赣粤边、闽粤边和琼崖地区进行了艰苦卓绝的游击战争，高举红旗永不倒。

抗战全面爆发后，中共中央和中共中央长江局、南方局十分重视和加强对广东党组织的领导，选派了张文彬等大批干部到广东工作。日军侵入广东以后，广东党组织奋起领导广东人民开展敌后抗日游击战争，成立了东江纵队、琼崖纵队、珠江纵队、广东人民抗日解放军、南路人民抗日解放军和韩江纵队等抗日武装，转战南粤辽阔大地，战斗足迹遍及70多个县市。华南敌后战场成为全国三大敌后抗日战场之一，党领导的广东人民抗日武装被誉为华南抗战的中流砥柱。香港沦陷以后，在中共中央的领导和周恩来等人的精心策划安排下，广东党组织冲破日军控制封锁，成功开展文化名人秘密大营救，将800多名被困香港的文化名人、爱国民主人士及家眷、国际友人等平安护送到大后方，书写了抗战史上的光辉一页。

解放战争时期，在中共中央的领导下，华南地区大力开展武装斗争，开辟出以广东为中心的七大块游击根据地，成立了中国人民解放军琼崖纵队、粤赣湘边纵队、闽粤赣边纵队、桂滇黔边纵队、粤中纵队、粤桂边纵队和粤桂湘边纵队等人民武装，其中仅广东武装部队就达到8万多人，相继解放了广东大部分农村，在全省1/3地区建立起人民政权，为广东和华南的解放创造了有利条件。在广东党组织的配合下，人民解放军南下大军发起解放广东之役，胜利的旗帜很快插遍祖国南疆。

革命烽火路，红星照南粤。广东见证了中国共产党从新生到大革命、土地革命，再到抗日战争、解放战争等革命斗争全过程。其间，毛泽东、周恩来、刘少奇、朱德、邓小平、叶剑英、彭德怀、刘伯承、贺龙、陈毅、聂荣臻、徐向前、李富春、粟裕、陈赓等老一辈革命家和李大钊、蔡和森、瞿秋白、陈延年、彭湃、叶挺、杨殷、邓发、张太雷、苏兆征、杨匏安、罗登贤、邓中夏、恽代英、萧楚女、阮啸仙、张文彬、左权、刘志丹、赵尚志等一大批革命先烈都在广东战斗过，千千万万广东优秀儿女也在革命斗争中抛头颅、洒热血，留下了光照千秋的革命历史和革命精神。广东这片红色热土，老区苏区遍布全省，大大小小的革命遗址分布各地，留下了宝贵而丰厚的红色文化历史遗产。

习近平总书记强调，中国革命历史是最好的营养剂。重温这部伟大历史能够受到党的初心使命、性质宗旨、理想信念的生动教育，必须铭记光辉历史、传承红色基因。我们有责任把党领导广东人民进行革命斗争的光辉历史和伟大功绩研究深、挖掘透、展示好，全面呈现广东红色文化历史，更好地以史铸魂、教育后人，让全省人民在缅怀英烈、铭记历史中汲取砥砺奋进的强大力量，让人们深刻认识红色政权来之不易，新中国来之不易，中国特色社会主义来之不易，确保红色江山的旗帜永远高高飘扬。

为充分挖掘广东红色文化资源的丰富内涵，我们组织省内党史、党校、社科、高校等专家学者，集智聚力分批次编写《红色广东丛书》。丛书按照点面结合、时空结合、雅俗结合原则，分为总论、人物、事件、地区、教育五个版块。总论版块图书，主要综述中国共产党在广东的革命斗争历史概况，人物版块图书主要讴歌广东红色人物，事件版块图书主要论说党领导广东人民开展革命斗争的历史事件，地区版块图书从地市和历史专题角度梳理广东地域红色文化，教育版块图书着力打造面向青少年及党员的红色主题教材。丛书以相关的文物、文献、档案、史料为依据，对近些年来广东红色文化资源研究成果做了一次全面系统梳理，我们希望这套丛书能为党史学习教育、革命传统教育、爱国主义教育提供重要内容支撑。

一切向前走，都不能忘记走过的路，走得再远、走到再

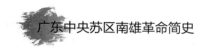

光辉的未来，也不能忘记走过的过去，不能忘记为什么出发。站在"两个一百年"的历史交汇点上，我们要更加坚定自觉地学史明理、学史增信、学史崇德、学史力行，赓续红色血脉，传承红色基因，以一往无前的奋斗姿态、风雨无阻的精神状态，推动广东在全面建设社会主义现代化国家新征程中走在全国前列、创造新的辉煌。

《红色广东丛书》编委会

2021 年 6 月

反帝宣言

　　帝国主义者欲挤我国于印度、朝鲜之列久矣，近更愈演愈凶，由侵略之政策进而为屠杀之政策。自"五卅"倭奴首难上海，杀我华工，学界为援助工人起见而巡行演讲，极属文明之对待。乃复被英狗妄加捕杀，如斯横暴人道何存？哀雷遍传，举国同情，各地纷纷援助，如汉口、九江、青岛等处，无不有巡行演讲之举动，亦无不有惨杀之案发生，最惨者，莫如我广州之同胞也。因杨刘叛党，急待扫平，乃延至六月二十三日始，为沪案声援而举行示威之大巡行。不料行至沙基一带，突被英、法、葡诸鬼子开枪向我徒手巡行之群众，继以大炮轰击。当时血肉横飞，尸骸狼藉，伤心惨目，天地为悲。谈自有人类之惨史，未见有如斯之酷烈也。嗟呼！吾国境内尚不能自由行动，而竟死于帝国主义者之下，死者之同胞已矣，生者之同胞如何？际此生死存亡之秋，苟不急起直进，联结团体，贯彻始终，齐向帝国主义者打击，恐堂堂华族将无噍类乎。吾辈忝为中坚学子，为国捐躯，义所不辞，用是迫切陈词，深愿举国一致，速筹战备，为政府后盾，再兴世界上以平等主义，对我华族者示以亲善，不致为帝国主义者之将伯，则彼势必孤，而我气益壮，最后之胜利必在于我，此吾辈今日应有之工作也。临书溅泪，不书欲言。

广东省立南雄中学校学生对外协会泣叩
中华民国十四年七月□日

选自中共南雄市委党史研究室编的《南雄人民革命史》（增订本），广东人民出版社，1998年，第213页。

　　1925年7月广东省立南雄中学学生对外协会发表的《反帝宣言》

朔溪乡农民协会遗址

农会会员在南雄第六区龙溪乡苏维埃政府所在地合影

灵潭鸳鸯围——南雄县农民暴动策源地旧址

1925年9月26日《广州民国日报》报道南雄朔溪组织农会的消息

南雄县苏维埃政府遗址（原上朔村洋楼）

红四军黄木岭脱险地遗址

红四军突破粤军伏击战场遗址（油山镇坪田坳村大石埂）

1929 年 11 月 20 日《广州民国日报》刊登朱德、毛泽东在南雄活动的消息

红军题壁歌谣《当红军歌》所在地油山镇上朔村徐氏祠堂

水口篛过村

水口战役时敌我双方争夺的水口桥

　　水口战役后，红军宿营在湖口镇吴屋村，在该村吴氏祠堂墙壁上写下大幅革命标语。该标语于2010年间由南雄市博物馆摘取保存在馆里陈列

　　水口战役纪念地

项英、陈毅与赣粤边军分区李乐天会合旧址

赣粤边特委大岭下会议旧址

"北山事件"红军烈士纪念碑

油山革命纪念碑

南雄市瑶坑村中共广东省委旧址

中共广东省委党员干部训练班遗址

中共南雄中心县委驻地旧址

八路军南下支队司令部旧址

整装待发的东江纵队

中共五岭地委和粤赣湘边人民解放总队旧址

中共五岭地委帽子峰会议遗址

中共五岭地委扩大会议上湖旧址

南粤雄关与古道——陈
毅隐蔽处、南下解放大军与
北江第二支队会师旧址

《梅岭三章》碑廊

南下解放大军与北江
第二支队在梅关会师

目　录

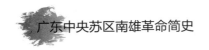

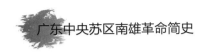

后　记

前　言

　　南雄位于广东省东北部，地处横亘粤赣两省边界的大庾岭南麓，"雄居五岭之首，为江广之冲，控带群蛮，襟会百粤"。南雄境内北宽南狭，南北两面群山连绵，山地占全境面积的一半以上。著名的油山、梅岭和北山连成一片，山高林密，溪流纵横。南雄市境东连江西省信丰县，东南界江西省全南县，西南毗连本省始兴县，西邻曲江区，西北隅与仁化县接壤，北界江西大余县。

　　南雄人民富有光荣的革命传统，在中国共产党的领导下，从大革命时期到解放战争结束，南雄人民始终坚持不渝地积极参加和支持革命斗争，直至南雄解放。

　　大革命时期。1925年秋，南雄第一个乡农民协会——朔溪乡农民协会成立，同年12月，共青团广东区委派傅恕等人在南雄创建共青团南雄县特别支部。1926年，中共党的组织在南雄发展建立，推动工农运动迅猛发展。是年5月，南雄县总工会和南雄县革命青年联合会成立；6月，中共南雄县支部建立。同年秋，在广州读书的曾昭秀等一批共产党员回到南雄开展革命工作，党的组织力量壮大，中共南雄县特别支部随即建立；"广东省妇女解放协

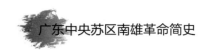
会南雄县分会"和"中国济难会南雄分会"等革命团体纷纷成立。同年冬，南雄县第一次农民代表大会召开，南雄县农民协会宣告成立，领导南雄农民开展轰轰烈烈的农民运动。

土地革命战争时期。1927年12月1日，中共南雄县委建立。1928年2月13日，南雄县委领导全县农民武装暴动；18日，南雄县苏维埃政府宣告成立。1929至1930年间，毛泽东、朱德、陈毅、彭德怀等率领红四军、红五军多次转战南雄，领导推动南雄土地革命和武装斗争的深入开展。随着赣南中央苏区的扩展，南雄与中央苏区融为一体，成为中央苏区的重要组成部分。1932年7月，中央苏区第四次反"围剿"重大战役——水口战役在南雄打响。1934年10月，中央红军主力实施战略转移经过南雄，之后，中共赣粤边特委和赣粤边军分区成立并设驻南雄，李乐天任特委书记兼军分区司令员。1935年三四月间，项英、陈毅、蔡会文、陈丕显等辗转来到南雄油山与李乐天、杨尚奎等胜利汇合，在赣粤边领导开展艰苦卓绝的三年游击战争。

全民族抗日战争时期。1938年2月，南雄红军游击队整编成为新四军第一支队第二团第二营北上抗日，中共南雄县委继续领导广大人民开展抗日救亡运动，支援抗日战争。1939年冬，中共广东省委迁驻南雄瑶坑村，领导全省抗日救亡运动，南雄成为广东人民抗日的大本营。1945年2月南雄沦陷后，南雄党组织领导抗日十二中队等抗日武装，袭扰和打击入侵日军，保卫人民生命财产，直到1945年7月，将入侵日军赶出南雄。

解放战争时期。1945年8月，王震、王首道率领八路军南下支队挺进华南、到达南雄。九十月间，东江纵队和珠江纵队派部队先后北上到达南雄。1947年三四月间，中共五岭地委和粤赣湘边人民解放总队在南雄成立。在五岭地委的直接领导下，其主力部队纵横粤赣湘边，开展轰轰烈烈的游击战争，直到1949年9月迎来南雄解放。

历史是最好的教科书。从中共南雄组织带领人民进行艰苦卓绝的革命斗争中，我们可以知道今天的红色政权是来之不易的。无数革命先辈抛头颅、洒热血，为争取民族独立和人民解放奉献了自己宝贵的生命。他们一往无前、百折不挠的奋斗精神和大公无私、勇于担当的奉献精神是我们永远学习的榜样。编辑出版《广东中央苏区南雄革命简史》，展现中共南雄组织带领南雄人民取得新民主主义革命胜利的光辉历史，为南雄苏区人民树碑立传，让广大干部群众深入了解南雄苏区历史，对于赓续红色血脉，弘扬红色文化，对于增强干事创业的责任感、使命感，具有重要的现实意义。

走进新时代，踏上新征程，南雄人民将继续弘扬苏区精神，在习近平新时代中国特色社会主义思想指引下，为建设更加美丽的南雄，为推动广东在全面建设社会主义现代化国家新征程中走在全国前列而努力奋斗。

第一章
党组织的创建与大革命时期

第一节　南雄人民的觉醒

一、辛亥革命后南雄的政治经济状况

1911 年，孙中山领导的辛亥革命推翻了清朝的统治，结束了几千年的封建君主专制，翌年创立了中华民国。但是革命政权却落在代表帝国主义和封建主义利益的北洋军阀手中。中国仍是半殖民地半封建社会，中国人民过着贫苦落后的生活。南雄屡遭军阀蹂躏，生灵涂炭，民不聊生。

1918 年 4 月中旬，北洋军阀派赣南镇守使吴鸿昌率兵攻占南雄县城，纵兵四处杀人放火，奸淫掳掠。1919 年春，北洋军阀又派赣南镇守使王余庆带兵入粤，攻占南雄城后，同样胡作非为，焚烧房屋，许多村庄顿成焦土废墟。

王余庆撤走后，由曾塞任南雄县长，成光任防军司令。曾塞、成光一伙不但不赈济遭兵灾的人民，反而变本加厉地搜刮人民财产，借口筹军饷，大肆勒收人头税、壮丁税、门牌税等苛捐杂税，以"梅关税厂"，提前征收十年捐税。南雄人民怨声载道，苦不堪言。

其后，曾蹇又提出"重刑治县"的反动口号。一方面，以加强地方治安为名，举办地方保卫团。县为保卫总团，曾蹇自任总监督，各约（相当于"乡"）设保卫团，以十户为一牌，设牌长，十牌为一甲，设甲长，每户出一丁，为团丁。一方面，曾蹇会同防军司令成光成立清乡委员会，大举"清乡"，到处乱捕滥杀"三点会"成员和无辜群众，一天多次行刑，一次枪杀多达八九十人，草菅人命，残民害理。无数无辜群众惨死在其枪口下，南雄人民称曾蹇、成光一伙为"杀人如麻，视人命如草芥的刽子手"。

但是，地方土豪卢焜、王仁山、麦显荣等人，却对曾蹇、成光二人残酷压迫南雄人民的行为倍加赞扬，甚而挪用公款，在县城德政街口建造"曾成二公祠"，为曾蹇、成光两个杀人魔王歌功颂德。然而不到半年，"曾成二公祠"就被愤怒的南雄百姓所捣毁。

哪里有压迫，哪里就有反抗，勤劳勇敢的南雄人民，对封建势力的腐败统治和帝国主义的欺凌掠夺深恶痛绝，不断进行不屈不挠的斗争。

二、南雄进步学生的反封建、反贪污斗争

五四运动爆发后，革命思想很快传入南雄。1921年，南雄中学的进步学生曾昭秀、陈召南、彭显模、张功弼等一齐起来反对

校长王道纯的封建教育和贪污行为，进行罢课斗争，掀起了南雄第一次学生运动高潮。

曾塞自 1920 年任南雄县长后，将其同乡王道纯请来省立南雄中学任校长。王道纯上任后，对学生实行封建的旧式教育，禁止学生阅读马列主义和宣传新文化运动的革命书籍；禁锢学生自由，禁止学生参与社会活动、游行示威，规定学生每星期只许上街两次。这一系列封建压制教育激起了广大学生的极大不满。

时逢 1921 年学校在水南兴隆庵附近新建宿舍，王道纯与曾塞相互勾结，借新建宿舍之机，偷工减料，大肆贪污建校公款，导致新建校舍质量低劣。校舍建成不久，即发生校舍倒塌压伤数名无辜学生的恶性事件。

王道纯的贪污渎职行为本早已激起学生的极大愤怒，校舍倒塌事件更迅速引发了学生学潮。南雄中学进步学生曾昭秀、陈召南、周序龙、彭显模、张功弼、周群标、廖光忠、何新福、钟蛟蟠、张道谦等在县城河边街何家祠秘密集会商议，决定勇反逆流，组织罢课和示威游行，共同揭发王道纯的贪污渎职罪行，一致要求呈请省教育厅撤换王道纯的校长职务。

南雄中学全体学生罢课斗争、示威游行坚持了一个多月，终于迫使广东省教育厅撤销了王道纯的校长职务。南雄掀起的第一次学生运动取得胜利。这次学生运动，促进了南雄广大青年学生思想觉悟的提高。但校方却以"捣乱生事，煽动学潮"之名，将曾昭秀等 16 名进步学生开除。

三、追求真理投身革命

为继续求学，同时更为追求革命真理，被校方开除学籍的进步学生纷纷相约前往广州。1924年，国共合作掀起轰轰烈烈的大革命运动，广州成为大革命的中心。转赴广州求学的曾昭秀、陈召南等南雄进步青年更加积极追求革命真理，常常聚会、谈心、阅读进步书刊。

在中国共产党的指导下，南雄进步青年纷纷参加共青团的外围组织"广东新学生社"，一边努力学习马列主义思想，一边投身反帝反封建斗争，积极参与声援上海五卅运动、省港大罢工和广州"六二三"运动等。经过革命思想的洗礼，南雄进步青年的革命志向日益形成和坚定。在广州求学的南雄进步青年纷纷参加"南韶连留省学生会"（会址在广州市解放中路四牌楼云台里），曾昭秀（南雄）、朱念民（佛冈）、张景优和张炳銮（英德）、成仕选（连县）等任执行委员，并出版革命刊物《北江潮》。

1924年12月，社会主义青年团广东区委将革命刊物《向导》和《中国青年》发行到南雄中学，进一步向南雄知识青年传播民主革命思想和马列主义，为南雄开展革命运动打下良好的思想基础。

1925年5月，曾昭秀等人以广州为阵地，创办《雄声》月刊，向南雄的青年学生和广大的劳苦大众宣传革命思想和马列主义。

1925年暑假期间，在广州读书的曾昭秀、陈召南、张功弼、曾昭慈等南雄籍学生，回到家乡，以传播革命思想、改造南雄社

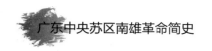

会风气为宗旨，组织成立"青年学社"。

"青年学社"最初吸收何新福、叶舒棠、李乐天等 30 多名进步青年为社员，之后发展"青年学社"社员达到 100 余人。在县城宾阳门二牌坊曾春利酒店设立一间"青年学舍"，由曾广和（曾昭秀堂弟）负责经营，方便学社社员通讯联络。

在接受马列主义思想教育和革命斗争的锻炼中，曾昭秀、陈召南、周序龙、张功弼、曾昭慈、彭显模等，于七八月间先后在广州加入共产主义青年团，1926 年初转为共产党员，成为南雄最早的一批共产党员。

第二节　南雄党团组织的建立

1925 年 12 月中旬，共青团广东区委委派广东农民运动讲习所第五期毕业学员、共青团员傅恕、夏明震、沈仲昆三人（均属湖南籍）到南雄开展建团工作。

12 月下旬，南雄成立"共青团南雄特别支部"，代号"兰芝"，由傅恕担任特支书记，驻地设在南雄县城的文庙（现南雄市人民政府内的大成殿）。特支建立后，即积极发展共青团员，至 1926 年 2 月，团员人数由原来的 3 名增加至 7 名。

经过一段时间的斗争和考验，特支将原有的共青团员培养转为共产党员。至 1926 年 2 月，傅恕、夏明震两名共青团员转为共产党员，共青团特支成为党团混合支部。

1926 年 2 月，共青团南雄特支在德政街口开设"民生书店"，由叶舒棠负责经销，专门销售革命书籍和进步刊物，如《康民尼斯 ABC》《向导》《中国青年》等。

随着党员人数的不断增加，南雄建立党支部的条件已经具备。1926 年 6 月，中共南雄县支部诞生，傅恕任书记，支部内建立几个党小组，驻地设在南雄县城的延祥寺。

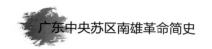

1926 年 8 月，在广州读书时加入共产党的曾昭秀、张功弼、陈召南、周序龙、彭显模、曾昭慈等，由中共广东区委派回南雄工作。根据中共广东区委指示，南雄党支部扩设为"中共南雄县特别支部"，由傅恕任书记，曾昭秀任副书记，曾昭慈、张功弼、周序龙、陈召南、陈德贵、彭显模等为委员。

特别支部成立后，党的基层组织随即建立。在县城工人党员中建立党支部，由陈亿楼任支部书记；不久又在上朔、湖口、祇芫、灵潭、石坑、园岭、箭过、乌迳、珠玑等农村先后建立起党支部或党小组共 11 个，党员人数发展至 70 余名。

1926 年 8 月，中共南雄县特别支部书记傅恕暂时离雄，曾昭秀负责特支工作。同年冬，中共南雄县特别支部隶属中共广东区委、中共北江地委。

第三节 第一次国共合作在南雄

一、南雄国民革命新局面的形成

1923年6月，中共三大在广州召开，确立了共产党员以个人名义加入国民党，把国民党改组成为左翼的政党。1924年1月，国民党一大实现了对国民党的改组，正式建立国共合作，确立了国民革命的政纲。

1926年2月，国民党南雄县代表大会召开。大会决议建立国民党南雄县党部执行委员会；同时，增选共产党员傅恕、夏明震二人为国民党南雄县执行委员会委员。国民党南雄县党部设在县城的大成殿（现南雄市人民政府内）。其后，共产党员陈赞贤、陈德贵、欧阳哲、曾昭秀、曾昭慈等相继增选为国民党南雄县的执行委员，并由傅恕担任国民党南雄县党部主要负责人（常务委员），陈召南任农民部长，曾昭秀任青年部长，曾昭慈任妇女部长。这时的国民党南雄县党部，实际上完全由共产党所掌握。

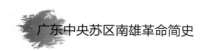

二、开展国民革命宣传

1926年2月20日，南雄县国民会议成立。2月22日，在国民党县党部组织下，举行了"南雄县民大会巡行示威"。巡行队伍多达1000余人，除县城各阶层群众外，还有部分农民参加。他们高呼革命口号"援助省港大罢工工友！""反对日本帝国主义及直系军阀！""促进中俄邦交！"等等，并向群众散发革命传单。这是南雄县有史以来第一次群众示威游行，它在广东边陲的南雄首次"唤起民众"，促使民众觉醒，投入大革命洪流，公开反对帝国主义的侵略和封建军阀的黑暗统治。

3月9日，县党部又在县城组织举行县民大会，声讨英日帝国主义，支援省港大罢工。4月2日，组织南雄各界召开代表大会，成立北京惨案后援会，举行示威游行和罢工、罢课、罢市1天。

在组织领导工人、农民、青年、妇女运动中，南雄的共产党员、共青团员利用各种方式，向广大群众宣传反帝、反军阀、反贪官和反地主豪绅；大力宣传孙中山先生的"联俄、联共、扶助农工"的三大政策；积极组织革命分子学习和宣传马列主义，组织发动城乡工人、农民、青年学生及士兵投身国民革命。

三、举办宣传员养成所

1926 年 2 月，南雄以国民党县党部名义创办"党立南雄县宣传员养成所"。邓惟贤（南雄县长）任所长，第一期招收学员 74 名。养成所 6 名教职员中有 3 人是共产党员、1 人是共青团员，即教务主任傅恕、教员陈赞贤、夏明震（以上 3 人为共产党员）和沈仲昆（共青团员），另 2 名教员为李濂和赖树人。

"养成所"依照广州农讲所的教学内容和方法，开课讲授革命理论、历史和军事等，旨在把学员造就成"革命人才"，去"唤起民众，促革命早日成功"。经过三个月的训练，"养成所"学员毕业回到家乡，积极推动全县各地工农运动的广泛开展。

国共两党在南雄的合作中，中共南雄县特别支部发挥主导作用，南雄工农运动得到有声有色的开展。1926 年冬，何香凝、杨之华（瞿秋白之妻）、谭延闿等到南雄检查工作，对南雄县党部工作给予了充分肯定和表扬。

四、南雄济难分会成立

1926 年 7 月 9 日，北伐战争经过整装正式开始。国民革命军第五师师长谭道源率部进驻南雄、始兴，负责绥靖后方，南雄成为北伐战争的前哨阵地。

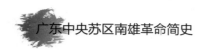

8月23日，在中共南雄县特支的发动下，南雄县城3000多人在文昌宫旷地举行全县公民临时大会，控诉南雄县国民党右派县长邓惟贤"摧残党务、压迫工农、枉法殃民、贪婪无比"的丑恶行径，要求上级将邓惟贤撤职查办。参加大会的群众举行示威游行，并到国民革命军第五师师部请愿，邓惟贤的县长职务被撤销。

随后，中共南雄县特支和国民党南雄县党部组织南雄农工商学联合会召开执行委员会会议，决议由傅恕、叶舒赐、刘祥培、陈召南、彭显模等为筹备员，筹备成立南雄济难分会。

南雄济难分会成立后，积极号召工农兵学商各界人士加入济难会，入会者每人每月缴纳五个铜板（农民只缴纳2个铜板）。城乡各界纷纷加入济难会，会员踊跃缴纳会费。

第四节　南雄工农运动的蓬勃发展

一、朔溪农会的成立

1925 年，在广州读书的彭显模、彭显善利用暑假率先到海陆丰考察学习彭湃领导农民运动经验。8 月，彭显模、彭显善回到家乡朔溪，借鉴海陆丰农民运动经验，发动群众组织农会。8 月下旬，朔溪召开全乡群众大会，推举彭九斤、徐步庭、彭显伦、彭彰伟等十多名积极分子组成农会筹备委员会，开展筹备建立农会工作。

9 月 16 日，朔溪乡 1000 多名农会会员聚集在彭氏十房祠堂，举行入会仪式，宣布成立朔溪乡农民协会（俗称犁头会）。大会选出朔溪乡农民协会委员 11 人，彭九斤当选农会会长，徐步庭、彭显伦、彭彰伟等当选农会委员。朔溪乡农民协会正式成立，成为南雄县最早建立的乡农会。

朔溪乡农民协会成立后，立即部署开展一系列农民运动：组织领导当地农民修水利、搞生产；征用公尝田兴办学校；抵制当地税卡征收苛捐杂税；剿土匪，维持地方治安；还将为地主挑运

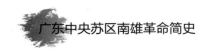

田租的工资提高一倍。这使农民在政治上、经济上都得到实惠，极大地推动南雄各区乡农民运动的发展。

二、南雄农民协会的成立

1925 年 12 月，广东农民运动讲习所第五届毕业学员、共青团员傅恕、夏明震、沈仲昆来到南雄深入农村，通过办夜校向广大农民宣传组织建立农民协会，组织农民进行"减租退押""废除苛捐杂税"，号召推翻地主阶级的封建统治。

1926 年初，在党组织领导推动下，南雄先后在湖口、水口、篛过、园岭等地建立一批乡农民协会，农民运动不断地发展壮大。至 6 月，全县建立乡农民协会 20 多个。7 月 24 日，"南雄县农民协会筹备处"成立，傅恕、彭显模为负责人，统一领导全县农民运动。

1926 年冬，南雄县第一次农民代表大会召开，"南雄县农民协会"正式成立。大会选举陈召南为县农民协会委员长，彭显模、周序龙、张功弼为常务委员，会址设在延祥寺（现南雄博物馆所在地）。大会决定：巩固发展农民协会，实行减租退押，取消苛捐杂税，反对豪绅民团压迫农民。至 1927 年 2 月，南雄全县建立乡农会 120 个，参加农会的农民有数万人。

1927 年 2 月，县农民协会在县城召开第二次农民代表大会，到会代表 300 多人。大会议决废除苛捐杂税。大会第二天，县农民协会组织举行示威游行，并捣毁梅关税局。

三、南雄农民武装的建立

为保护农民运动正常发展和农会安全，南雄党组织在推动建立乡农会的同时，建立起各乡农民武装——农民自卫军。每乡成立农民自卫军一个小队，人数约 10 至 20 名。

从 1926 年 1 月起至 1927 年 2 月止，随着全县农民运动的蓬勃发展，乡农会不断发展壮大，各乡农民自卫军也发展到 120 个小队，人数达 2000 人以上。农民自卫军在实行减租退押、取消苛捐杂税、反对豪绅地主压迫农民、维持地方治安方面发挥积极作用。

1926 年 10 月，中共北江特委在韶关成立北江农军学校，由中共北江特委成员、黄埔军校第三期毕业生朱云卿任主任。

1927 年 3 月，南雄县农民协会派出农民自卫军十多人，由傅恕率领参加北江农军学校受训。其中有：灵潭村的钟蛟蟠、钟蛟球、钟蛟发、邓事谦、黄端刚，祇芫村的杨瞻颜、曾广州，小岭村的赖赓，和睦塘村的卢世英，古城村的李其标，篛过村的欧阳老四，上朔村的彭彰伟等。

4 月上旬，刚刚完成受训的南雄县学员编入北江农民自卫军，

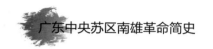
奉命北上武汉。4月12日，蒋介石在上海发动四一二反革命政变；4月15日，广东国民党当局在广州发动四一五反革命政变，大革命形势急转直下。当北江农民自卫军到达湖南长沙时，"马日事变"发生，农民自卫军北上受阻。

后来，农民自卫军一部分到达武汉，不久即参加举世闻名的"八一"南昌起义。彭彰伟等一部分返回家乡，积极组织建立农民赤卫队。随北江农军北上的傅恕、夏明震、沈仲昆三位同志也就留在湖南开展工农运动，没有再回南雄。

四、南雄县总工会的成立

1925年12月，随着革命形势的发展，国共两党合作努力，在推动南雄农民运动开展的同时，县城的工人运动也逐步得到开展。

1925年，陈赞贤（籍贯江西南康）到南昌出席国民党江西省第一次代表大会，后受命回南康组建国民党县党部，推动国民革命。陈赞贤在家乡积极发动工农和知识分子，开展反帝、反封建和反军阀的斗争，触怒了军阀当局。12月16日，北洋政府江西省南康县反动当局下令通缉陈赞贤，并派出大批法警，四处搜捕。陈赞贤星夜逃离，转往广东南雄。

陈赞贤到达南雄后，即与南雄中共党组织取得联系。1926年春，陈赞贤在南雄加入中国共产党，负责筹组工会工作，领导工人运动。

陈赞贤一边深入到工人群众中去宣传鼓动，一边创办工人补习夜校，培养工人积极分子。经过三个月的努力，木匠工会、缝业工会、理发工会、捆烟工会、店员工会等七个基层工会组织起来了，入会人数达958人。在这期间，陈赞贤组织发动木匠工会和理发工会向雇主提出增加工资的要求，取得斗争胜利。到4月份，南雄的工人运动达到高潮。

1926年5月1日，"南雄全县总工会"成立，选举陈赞贤为总工会委员长。同年夏，陈赞贤增补为国民党南雄县党部执行委员。之后不久，陈赞贤调离南雄，陈德贵继任"南雄全县总工会"委员长。

11月7日，南雄各界举行纪念十月革命大会，发表《十月革命九周年纪念日告南雄民众》宣言书。随着北伐战争的胜利推进，南雄工人运动进一步得到发展，与农民运动密切结合，把南雄的革命推上新高潮。

五、省妇女解放协会南雄分会的成立

1926年秋，在广州读书的共产党员曾昭慈（后名曾碧漪），由蔡畅任命为"广东省妇女解放协会南雄县分会"特派员，随同

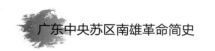

曾昭秀、张功弼等回到南雄开展工农运动。

同年10月，"广东省妇女解放协会南雄县分会"成立。曾昭慈以特派员的身份兼任分会主席，委员有王淑英（珠玑灵潭村人）、徐大妹（周群标之妻）等。

为冲破旧礼教、旧道德、旧观念的思想束缚，曾昭慈等首先要求革命同志的妻子带头，踊跃参加妇女运动的工作。南雄妇女工作的主要内容是：宣传男女平等；不准丈夫虐待妻子；禁止抱童养媳；发动妇女参加社会活动；动员家长让女子读书；反对压迫妇女；发动妓女摆脱控制，跳出火坑，弃娼从良等。

此外，南雄还成立"革命青年联合会"和"青年军人联合会"。

第二章
土地革命战争时期

第一节　南雄苏维埃政权的建立

一、中共南雄县委的成立

1927年广州四一五反革命政变后，南雄地方的反革命势力与广州遥相呼应，对工农运动实行镇压。国民党省党部解散南雄县党部，派罗家仁、麦显荣、彭求福等为县党部改组委员，成立改组委员会对南雄县党部进行改组，大肆开展清党运动，迫害共产党人。面对白色恐怖和紧迫严峻的斗争局面，中共南雄县特支于5月上旬召开紧急会议，决定：立即转入地下活动，坚持革命斗争；已暴露身份的中共党员则转移到外地去隐蔽起来，等待时机。南雄大革命的大好形势霎时蒙上一层阴影。

曾昭秀、陈召南、彭显模等人相继转移到农村，继续秘密组织和发展农会。全县农会力量逆势发展、迅速壮大。至10月份，全县农会会员发展到2.7万人。

至1928年1月，历经3个月，通过联络隐蔽在农村的党员，在上朔、灵潭、祗莞、湖口、箬过、坪地、园岭、和睦塘、乌迳、油山等地逐步恢复中共南雄特支的活动，在湖口高田老屋下花楼办公。11 个党支部先后恢复健全，通过组织发展，党员达到 70 多名。

中共南雄党组织恢复活动后，根据"八七会议"精神，即着手准备农民暴动。以农会积极分子和共产党员为骨干，首先组建一支 100 多人的农民自卫军。同时，在各地普遍成立抗暴队、自卫军 100 多个小队，武装农民人数达 2000 多人。

1927 年 11 月 7 日，中共南雄特支在湖口集英国民小学召开扩大会议。曾昭秀主持会议，传达"八七会议"精神，正式作出领导农民举行武装暴动、清除地方恶霸以及在和睦塘集训赤卫队的决定，准备建立苏维埃政权，实行"工农割据"，进行土地革命。

12 月 1 日，全县党员代表大会在湖口老屋下花楼召开，决定成立中共南雄县委员会。大会推选彭显模、彭显伦、欧阳哲为县委委员，负责县委日常工作。中共南雄县委从此诞生，隶属于中共广东省委。12 月中旬，调欧阳哲主持军事工作，增补曾昭慈为县委委员。

1928 年 2 月，全县迅速发展党员达到 200 名，建立支部十五六个。中共南雄县委按照省委第四号通告，再次调整充实：曾昭秀、陈召南、彭显模、周序龙、周群标、欧阳哲、陈德贵、张功弼、卢世英、张道谦、曾昭慈等 11 人为县委委员，曾昭秀任县委书记。县委驻地设在湖口高田村老屋下花楼。同时，全县成立第二、三、五、六区 4 个区委。

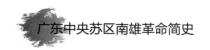
二、南雄农民武装暴动

1927年12月15日，在中共南雄县委的精心策划下，在美香馆酒楼设宴（现维新路梅魁旅店）将团防局长卢焜、清党委员黄逸品等成功诱杀。第二天早上，县委再次率领农民自卫军进城，除掉反动分子、县党部改组委员麦显荣、彭求福。清除卢焜等反动豪绅的行动，揭开了南雄农民暴动的序幕。

1928年2月12日，新调整的县委在三区珠玑乡灵潭鸳鸯围召开紧急会议，曾昭秀、陈召南以及由赣南特委派来的梁明赤等人出席会议。会议决定在13日晚举行全县武装大暴动，并对暴动作出具体的研究和部署。

2月13日晚上，按预定计划，全县各地都在当晚8时举行武装暴动。受尽剥削和压迫的广大农民，纷纷拿起枪支、长矛、大刀、梭镖、土铳等武器，按照部署勇敢地投入战斗：湖口、坪地、石坑、瑶坑的农民自卫军袭击南雄县城的大城门税厂；灵潭、祇芜的农民自卫军攻打中站税厂；和睦塘、上朔的农民自卫军攻打夹河口税厂；锦陂一带的农民自卫军攻打新田税厂和新田乡公所；篛过、园岭的农民自卫军攻打水口区公所；油山各村的农民自卫军袭击黄地厘金税卡。

各处同时行动，革命烈火席卷南雄大地，人数最多时达3万多人。

南雄农民暴动，共摧毁18处厘金税卡，没收其所有财物，歼灭顽抗的税厂人员 24 名，缴枪 20 多支，处决土豪劣绅 200 余人，摧毁反动据点 50 余处，取得了武装暴动首战的胜利。

三、南雄县苏维埃政府的成立

1928 年 2 月 18 日（正月二十七），时值黄坑圩日，中共南雄县委在黄坑圩召开群众大会。第二、三、五、六区万余农民参加大会。大会由南雄县委书记曾昭秀主持，宣告共产党的主张，撕毁国民党的青天白日旗，通过反对国民党对苏俄绝交的决议，并号召：全县各乡同时举行暴动；歼灭反动地主土豪劣绅；摧毁国民党的反动区、乡政权。

大会推选曾昭秀为南雄县苏维埃政府主席，陈召南、周序龙、卢世英、杨瞻颜、钟蛟蟠、陈德贵、李士泰、周群标、曾昭慈等为委员，宣布农民自卫军改为赤卫队，为县苏维埃政府的武装部队，决定县苏维埃政府机关设在大塘乡上朔村洋楼。中共南雄县委迁至大塘乡上朔村洋楼。

同时，大会决定成立第二、三、五、六区 4 个区苏维埃政府，在 120 多个乡建立乡苏维埃政府，选举陈召南、赖赓、卢世英、彭显模分别为第二、三、五、六区苏维埃政府常务委员。

在这期间，中共南雄县委的坚决斗争唤醒了广大人民群众，进一步点燃了南雄人民解脱枷锁、翻身解放的革命热情，得到了更为广泛的拥护支持和积极参与，党的组织得到继续发展和壮大。

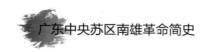

四、土地革命如火如荼

南雄县苏维埃政府成立后，农民暴动继续深入发展，以"平仓""平田"为主要内容的土地革命运动，在各地如火如荼地开展，全县参加土地革命人数达5万余人。

陈召南领导二区湖口、新迳一带的群众到澄溪、赤岭、河坪、矿岭、赤溪湖等地查封了何谦慨、何友兰等反动地主豪绅的谷仓。

卢世英领导五区篛过、园岭一带群众到山坑、老井、泷下、水口一带查封了反动地主豪绅钟光伟、蓝寡婆的财物和2万多斤稻谷。

周群标、周序龙领导三区珠玑一带群众到上嵩、新村查封反动地主豪绅的谷仓。

彭显模、彭显伦领导六区上朔、夹河口的群众没收反动大地主彭遵连的大批谷物。

孔江一带的群众查封赵家犹等土豪的谷仓；乌迳一带群众到龙口、庙前没收反动地主豪绅叶玉辉、赖南榕6000多斤稻谷及赖海水生1万多斤稻谷；湖坑等地群众到坪田、樟岭一带没收反动地主豪绅吴少辉1000多担稻谷；同时，还焚烧一大批地主的田契和借约。

各地区、乡苏维埃政府把没收过来的稻谷、财物，及时分发给贫苦群众。数万农民分得胜利果实，个个欢天喜地，扬眉吐气，对共产党和新生的苏维埃政府充满了热爱和信赖。

五、苏维埃政权保卫战

南雄农民暴动震动了国民党军阀。暴动发生 10 天后，1928 年 2 月 24 日，国民党新编十六军命令部属陈学顺一四〇团二营"进剿"南雄里东、灵潭，杀害革命群众 100 余人。

3 月 7 日，在曾昭秀等纠组织下，县苏维埃政府及各区、乡苏维埃政府组织 2 万多群众，手拿长矛、大刀、锄头、木棍，配合赤卫队浩浩荡荡开往珠玑祇芫十里岭迎战，将"围剿"之敌反包围给予迎头痛击。经过交战，国民党的陈毛狗警卫小队 30 多人投降，苏维埃赤卫队缴获步枪 30 多支，子弹 1000 多发。陈学顺部被迫退回县城。

但陈学顺贼心不死，随后又纠集谢伯英民团、黄乐之商团反扑。3 月 9 日，陈学顺部一营"进剿"里东，上午杀害革命群众数十人，下午 2 时又杀害 30 余人。下午 4 时，国民党南雄县代县长黄乐之再请始兴县长黄燊下令调集始兴民团 400 余人，纠合陈学顺部连续三日"清剿"邑溪，大批革命群众被杀害。

3 月 11 日，陈学顺部一营纠合南始民团二、三、四、五、六、七、八队，"进剿"邓坊、和睦塘均平圩（今珠玑沙水）、长甫桥（今湖口长市）等地，大肆焚烧村庄。赤卫队和革命群众与进犯之敌进行浴血奋战，但都因缺乏军事武装，敌强我弱，先后被敌攻陷。

随后，国民党南雄县公署又组织成立军警团联合办事处，主任封爵球（驻军营长），副主任王名烈，纠集军警、商团、民团继续疯狂镇压革命群众，先后接连洗劫县苏维埃政府所在地上朔村和水口篛过村、湖口长庆围。

3月13日，国民党政府军警纠合卢煌的南（雄）始（兴）联防队、黄乐之商团、谢伯英民团，共2000余人，"围剿"南雄县苏维埃政府机关所在地上朔。

县苏维埃政府赤卫队与上朔群众奋起反抗。激战1天，上朔村被敌攻陷。彭士君、彭丁闰古等80多名革命群众壮烈牺牲，300多名无辜村民被杀，上朔村几百间房屋被烧毁，被勒索花红2万多元，稻谷、耕牛、生猪等一大批村民财物被洗劫。

3月14日，曾昭秀等被迫率领县苏维埃政府人员和100多名赤卫队员退出上朔，转移到达水口篛过村，据村拒敌，与国民党军警激战三昼夜，打退来敌十多次进攻，毙伤敌人30多名。至3月16日晚，终因弹尽无援，曾昭秀率苏维埃政府人员及赤卫队撤出篛过，继而分散隐蔽。国民党军警窜进村庄，大肆烧杀抢掠，欧阳元等7名赤卫队员和一批革命群众惨遭杀害。

随后，陈学顺部纠集县警卫队及地方民团，先后向湖口老圩、高田、老屋、园门口等革命村庄发起一次次猖狂进攻。5月29日，陈学顺派遣一营兵力疯狂进攻湖口长庆围。经过两天两夜激战，长庆围终被攻陷。曾杉毛古、曾祥娣、曾兰香等十多名赤卫队员和一批革命群众壮烈牺牲。

国民党反动派攻破长庆围后，桥背坑秘密据点被敌侦得后受到敌兵袭击。在桥背坑活动的大部分同志得以突围，曾昭恩不幸被捕。6月，曾昭秀、曾广信、曾昭慈等一批革命同志转移到江西省全南县社迳乡曾大屋下村隐蔽。

至此，在国民党反动派的残暴镇压下，声势浩大的南雄农民武装暴动失败，南雄陷于一片腥风血雨之中。200 多名共产党员、赤卫队员和革命群众惨遭杀害，数千间房屋被烧毁。2 万多农民流离失所，无家可归，景况惨不忍睹。

六、中共南雄县委重建

1928 年 6 月，陈召南、周序龙、周群标、彭显模、卢世英等在油山坪田坳组成中共南雄临时县委，由陈召南负责。七八月间，临时县委召集隐蔽各处的 60 多名赤卫队员奔赴油山开展游击斗争。

奔赴油山的赤卫队由刘子明任大队长，下设三个中队，中队长分别为赖其美、欧阳老四、彭禄山。随后，因国民党反动派在平原地区疯狂搜捕屠杀，革命群众纷纷投奔油山。

10 月，中共南雄县委改选重建，由陈召南任书记，彭显模、彭显伦、周群标、周序龙、卢世英、谢泰谦、何新福等 7 人为县委委员。同时开展第二、三、五、六区 4 个区委的恢复工作。

1929 年 2 月 7 日，县委率领赤卫队 50 多人出击攻打盘踞大塘圩的反动豪绅谢伯英的民团，战果累累，缴获甚丰。至 3 月，四个区委恢复工作完成，全县党员也发展到 330 余人。

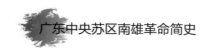

4月1日，中共南雄县委在油山召开全县党员代表大会，进一步充实县委机构，县委委员11人，县委以书记、组织、宣传为常委，由书记陈召南、宣传委员周序龙、组织委员张功弼、军事科卢世英以及周群标、何新福、彭显模、谢泰谦、杨瞻颜、邓事谦、廖光忠等11人为委员。

新的县委成立后，恢复设立第二、三、五、六区区委，在梅岭、珠玑、湖口、黄坑、油山、乌迳、界址、水口、邓坊等地农村建立十多个党支部和党小组。到1929年7月，全县党员发展到550余人。

七、游击油山战旗猎猎

1929年6月5日，广东军阀余汉谋派遣其爪牙叶肇率领一个团赶到南雄，追击红五军，又一次对南雄革命进行残酷的血腥镇压。

叶肇团到达南雄后，纠合组织"清共临时委员会"，在县城实行戒严，纠集地方警卫队四五百人分别进驻十多个圩场。6月中旬，国民党反动武装先后在邓坊圩、上朔和夹河口进击围攻赤卫队和革命群众。6月16日，游击队在邓坊圩驻扎时，突然遭到反动武装数百人的三面包围攻击。游击队英勇奋战，突击重围。

随即，叶肇团和县署警卫队纠合南雄县长王名烈及地方豪绅刘昌心、冯宠华、叶子汤等组织反动武装进驻湖口、黄坑、邓坊、大塘、新田、乌迳、南亩、水口、珠玑、里东等十多个据点，实行"清乡"，大肆搜捕屠杀革命群众。

为了保护群众利益，打破敌人消灭游击队的企图，县委率领游击队与敌进行针锋相对的英勇斗争。7月15日，国民党反动武装进攻游击队驻地——黄地村，被游击队阻击而退。8月5日，游击队出击攻打江西信丰九渡水税卡，缴获步枪10支，回到驻地黄地村。8月7日，谢伯英率领1000多人的反动民团武装进攻油山根据地黄地村。县委委员彭显模、谢泰谦指挥50多名游击队员退守油山黄地土围，英勇抵抗，击毙敌人20多名，击伤40多名。之后，县委又率领游击队多次下山打击"进剿"油山的敌人。

"清共临时委员会"成立一个多月，"清共"毫无成效，多次进攻反被游击队击败。8月，"清共临时委员会"不得已再派出刘昌心、王鸿淮、叶子汤、陈仕优分别为二区、三区、五区、六区督察员，督察各乡约董（约董，即是乡村治理中的各约掌事的乡绅）"清共"。10月2日，国民党"清共"武装五六百人包围攻打并洗劫上朔村，掠走村民80多人后勒索重金。5日，游击队迅速反击，将上朔民团队长彭成彰和团丁20多名击毙，缴枪20多支。

在重重白色恐怖下，南雄人民一次次经受血的洗礼。从1929年6月至12月的半年时间里，国民党反动派血洗了84个村庄，几百名革命者的家属和革命群众惨遭杀害，4200多间房屋被烧毁，圆岭、上朔、大兰、黄地等革命村庄几乎变成废墟。

1929年7月，县委鉴于形势严峻，决定县委领导成员和游击

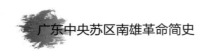
队分散活动，避敌锋芒，伺机再起。陈召南、周群标、周序龙、何新福率领一支游击队从油山转移到梅岭、大庾（今江西省大余县）吉村等北山一带活动。

10月下旬，因国民党军警严密搜捕，陈召南等人从北山转移到江西大庾县吉村乡沙村的香菇棚里隐蔽，缺衣少粮，饥病交侵，处境十分困难。不久，住地被国民党军警包围。陈召南等人突围反击，但弹尽粮绝，寡不敌众，不幸全部被敌捉住。

面对国民党军威逼利诱、严刑拷打，陈召南、周群标、周序龙、何新福等人宁死不屈。最后，终于被国民党反动派杀害。陈召南牺牲时年仅30岁。不久，南雄另一位革命领导人卢世英也遭到不幸。

南雄的革命斗争又一次遭到重大挫折。县委书记陈召南及县委委员周群标、周序龙、何新福、卢世英等人牺牲后，彭显模、张功弼、谢泰谦等县委委员率领游击队进入油山地区活动，与广东党组织失去联系。

第二节　南雄苏区融入中央苏区

一、红四军首次到南雄

红四军、红五军两军会师后，井冈山革命根据地得到巩固和发展。1928年12月，湘赣两省军阀成立"剿匪"总部，以何键为总指挥兼湖南省"剿匪"军总司令，金汉鼎为副总指挥兼江西省"剿匪"军总司令，调动国民党军6个旅18个团、纠集地方反动武装，共25个团约3万兵力，由永新、莲花、茶（陵）酃（县）、桂东、遂川分五路，向仅有不到6000红军的井冈山根据地发动第三次"会剿"。

1929年1月4日，为打破国民党军"会剿"和解决红军给养问题，中共湘赣边界前敌委员会（简称为边界前委）在宁冈县柏露村召开中共湘赣边界特委、红四军军委、红五军军委、边界各县县委和部队团以上干部共60余人的联席会议（即柏露会议）。会议根据形势，为保存实力，争取主动，打破湘赣两省国民党军"会剿"，决定采取"围魏救赵"的攻势防御战略。同时，中共湘赣边界前委随红四军主力行动，并改为红四军前委，为红四军最

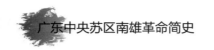

高领导机关。

柏露会议结束后，红四军二十八团、三十一团及直属特务营、独立营共 3600 余人，由毛泽东、朱德、陈毅率领，离开井冈山向赣南地区进军，经过遂川、上犹、崇义、大庾等地。

红四军主力部队一下山，江西 3 路敌军共 3 个旅即紧紧尾追而来。1 月 21 日，红四军自崇义向大庾进发。驻大庾县城的国民党保安团闻讯弃城逃跑。1 月 23 日，红四军顺利占领大庾城。而在 23 日当天，国民党第一路"会剿"军赣军第七师第二十一旅（即李文彬旅）抄近路追赶进至大庾新城、池江一线。当晚，其先头部队即已悄然占据大庾城东北的制高点天柱山、惜母岭。24 日拂晓，赣敌金汉鼎、李文彬三个团向大庾逼近，并发起突然袭击。

红四军在大庾金连山、水口寺、东山岭阻击来敌，双方激战一天，终"因当地无群众组织，事前不知敌人向我进攻，以致仓猝应战，我军未能全数集中，并因兵力垒积重叠于一线致失利"，而未能打退敌人进攻。战斗中，红二十八团党代表何挺颖身负重伤。

为了保存力量，红四军分两路边打边往南雄油山方向转移，前委书记毛泽东率领一支部队向南雄的上杨梅、下杨梅和邓坊往大塘方向转移。军长朱德率领另一支队伍，经南雄广停坑、上兰田、下兰田到达寨下村宿营。

国民党粤军李振球获悉红四军已入粤向油山转移，便率一个团抢先占领坪田坳大石埠，企图伏击红军。

为打破粤军的堵截，25 日凌晨，在当地村民带领下，朱德率部绕过过水坑，占领过水坑与坪田坳之间的白石径，反将敌军团团包围，居高临下与敌展开激战，粤敌被红军击溃败逃。战斗中，红军三十一团二营长李天柱负伤，三营营长周舫牺牲，连在大庾县城筹得的 1 万多元现洋也丢失了。之后，朱德率领部队出夹河口，与毛泽东所部会合，一同经上朔、锦陂，傍晚到达乌迳。

1 月 25 日傍晚，红四军到达乌迳。经过两天连续激战的红军战士在乌迳桥渡安村及附近的黄木岭宿营。中共南雄县委书记陈召南闻讯率赤卫队赶来，与红四军接上头，并派出侦察人员进行侦察和警戒，同时组织群众为红军筹集粮草。当晚，红四军与中共南雄县委在黄木岭召开群众大会，毛泽东、朱德在大会上讲话，号召群众起来打土豪，分田地，参加革命。前委书记毛泽东指示南雄县委要大力发展游击队，建立根据地，并送给南雄县委 10 支五响步枪和几百发子弹。

这是中共南雄县委与中央红军首次取得联系。

此时，粤军正兵分二路向红四军驻地黄木岭逼近，粤军李振球一个团的兵力从坪田坳一路尾随追踪而至。而从南雄城赶来的另一路粤军也推进到距离红四军驻地约五里之地，准备对红四军进行合围。

所幸这一情况，被南雄县委派出的赤卫队员钟蛟蟠等人侦察得知，立即与县委领导一起向毛泽东、朱德报告。红四军得悉情况，立即组织，趁夜经官门楼、界址迅速向江西信丰转移。仓促转移中，因担架队掉队走错路，在大庾战斗中负伤的二十八团党代表何挺颖遇敌攻袭，不幸牺牲。

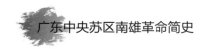
二、红五军奔袭南雄城

1929 年初夏，趁国民党军阀混战之机，彭德怀、滕代远率领红五军和王佐特务营，根据"向外发展，在发展中巩固苏区"的方针，离开井冈山，转战湘东、粤北。

6 月 1 日，红五军得悉南雄没有国民党正规军驻防，只有民团和警卫队等地方武装，于是决定奔袭南雄。红五军经仁化闻韶，进入南雄百顺、苍石，下午抵达南雄城。国民党南雄县长方新听闻红军来了，急忙剃须化装溜之大吉，地方民团、警卫队亦闻风而逃。红五军未经激烈战斗，顺利占领南雄城。

中共南雄县委得悉红五军进入南雄消息后，乘势率领游击队一路攻打坪岗、里溪、水口的民团，进城与红五军会合。

6 月 1 日，红五军进城后，驻扎在上武庙（现财贸幼儿园）和县城上城一带，并宣布成立南雄县革命委员会。随后，红五军在下武庙（现人民医院门诊部）门前、孔圣庙（现南雄市人民政府大院内）、福音堂（现南雄中医院）等处召开群众大会，彭德怀、滕代远分别在会上讲话，宣传党的政策、红军的宗旨；揭露国民党反动派欺压群众和地主豪绅剥削贫苦农民的罪行。

红五军镇压了国民党南雄县党部执行委员、县警察署训导董芳辉，县政府科长梁绍恒，土豪劣绅钟荣伟、刘伯陶等；烧毁国民党南雄县署；没收同丰厚、兆丰、王贵顺、何永吉等 4 家与反动官吏串通一气欺压群众的商号财物，分给劳苦群众；打开监狱释放一批"政治犯"和革命群众。

红五军在南雄连续驻扎 5 天。在南雄党组织和游击队协助下，红五军筹款 3 万余元，缴获商团枪械约 100 余支，并在南雄采买大批药品、食盐和布匹。南雄党组织协助集中全城缝衣工人赶制 1000 多套灰布红军军装。6 月 5 日，红五军撤离南雄城，向江西崇义转移。

三、红四军再占南雄城

"二七会议"后，红四军前委根据敌情变化，决定乘赣南、闽西敌兵力空虚之际，实施三月分兵，打通赣、闽、粤三省红色区域的联系，并争取发展扩大。

1930 年 3 月 18 日，红四军前委根据形势发出《前委通告（第三号）》，决定红四军游击赣粤闽边区，发动群众，组织工农暴动，建立红色区域，打通赣粤闽三省的赤色联系。

根据前委决定，毛泽东、朱德、陈毅随即率领红四军军部和一、二、四纵队指战员，从赣州城郊出发，经南康，向赣粤边进军。3 月 21 日，彭吉妹率领游击中队配合红四军攻占南康县城，缴获步枪 20 多支。3 月 26 日，红四军顺利占领大庾（现大余县）县城。

3 月 27 日，毛泽东在大庾城召开南雄、信丰、南康三县党组织负责人会议，研究贯彻《前委通告（第三号）》精神，决定立即

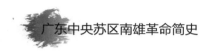
召开西河六县党的活动分子会议，成立中共西河行委，以统一领导和指挥六县地方党组织和革命武装；将各地分散的游击队集中起来，组织地方红军第二十六纵队。同时还决定迅速建立苏维埃政权。

为贯彻此次会议精神，28日，毛泽东又主持召开大庾、信丰、南康、上犹、崇义、南雄六县党的活动分子会议，与会人员100多人。会议要求各地方党组织，一方面要好好研究敌情，注意动态，另一方面要发展党团组织，把群众中的积极分子串连组织好，配合红军作战，打土豪、分田地，成立苏维埃，建立根据地。会后，红四军将100多支枪分发给南雄、信丰、南康三县游击队。

中共南雄县委书记彭显模、党代表钟蛟球分别参加这两次会议。

1930年4月1日凌晨，红四军离开大庾县城，由南雄游击队中队长彭吉妹作向导，越过梅关，趁夜向南雄进发。红四军将驻在新路口吴文献一营包围，迅速将敌歼灭。彭吉妹在战斗中不幸牺牲。吴文献急忙调动防守县城一营前去支援。

在珠玑石子岭，红四军将来援之敌打垮，并乘胜追击南下，敌军溃散而逃。从江西大庾到广东南雄，历经南雄新路口和石子岭两仗，下午5时左右，红四军"一天两仗一百里"，迅速攻占南雄县城。

红四军进城后，军部设在上武庙，部队多数驻在宾阳门外。毛泽东住在宾阳门外的"品丰"商店，红四军占领南雄城一个星期。

红四军第一、二、四纵队发动群众，筹措给养 4 万元。在城内筹款实行保护中小商人的新政策，对有两千元以下资本的商人不筹款，对有两千元以上的按累进比例征收，对于土豪不是筹款，而是罚款，共收缴 6 户反动豪绅的财物。

红军占领南雄县城后，在下武庙群众大会上，毛泽东风趣地告诉大家："你们经常讲朱毛红军，朱毛到底是一个人还是两个人？现在告诉大家，朱毛是两个人，朱是朱德，毛就是我毛泽东。我们是红军第四军，是打土豪分田地的，是打帝国主义、打国民党反动军队的，是人民的军队"①。从此，"朱毛红军"成佳话，传遍南雄大地。

4 月 7 日，红军离开南雄，向江西信丰县进发。在此之前，南雄县委率领游击队攻克雄信公路的重镇——乌迳圩。南雄游击队在乌迳与红四军会合后，即随红四军行动过江西攻打信丰县城。

红四军此次进军赣粤边，除占领南雄城之外，还攻克南康、大庾、信丰、寻乌、安远等赣南的大部分县城，使南雄与赣西南苏区的联系得以接通。

---

① 南雄史志办公室著：《南雄人民革命史（增订本）》，广东人民出版社 1998 年版，第 43 页。

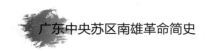

四、南雄游击队的整编

为贯彻《前委通告（第三号）》精神，加强对赣粤边革命武装的统一指挥，赣粤边各县党组织决定将各地分散的游击队集中起来，组织成立地方红军第二十六纵队。

1930年4月12日，红四军攻克信丰县城后，赣粤边四县党组织和游击队负责人在信丰城召开会议。会议决定将南雄游击队主力与大庾、信丰、南康等县的游击队共500多人，整编为红军二十六纵队，由陈紫峰任司令员，黄达任政委，南雄游击队员钟蛟蟠任政治处宣传科长。纵队下设四个大队，南雄大队为第四大队，大队长杨白，政委邓事谦。红四军抽调部分骨干到纵队，加强领导，协助纵队训练新战士。

6月始，陈毅在赣南组建红二十二军，陈毅任军长，张扬为政委。8月，红军二十六纵队主力编入红二十二军，南雄游击队李乐天即在政治部任政治干事。

红二十二军成立，全军共有2400余人，下辖5个纵队，转战赣、闽、粤三省。但随即受到中央政治局会议决议和中央"左"倾冒险主义错误政策指示的影响，红二十二军成立后即同红三十五军及赣南地方革命武装连续攻打赣州，与强敌顽敌几经拼杀，人员伤亡惨重，部队迅速受到削弱。1930年底，红二十二军缩编为红六十四师。

1930年10月，在江西活动的一支南雄游击队在大庾县板棚下击败周文山地方民团，随后返回南雄，与油山游击队会合，南雄游击队力量进一步壮大。此时，南雄油山游击队拥有机关枪 7 挺，驳壳枪十多支，步枪 160 多支，队员 200 多人。

同月，中共南雄县委根据中央苏区指示，将南雄油山游击队整编为"北江红军南雄独立营"，营长彭禄山，政委谢泰谦。

1931 年 1 月，县委根据赣西南特区西河分委的指示，将南雄独立营与在南康、信丰一带活动的肖云发部共 500 多人，改编为"北江红军南雄独立团"，团长谢泰谦，下设南雄独立营和信丰独立营。同时，独立团设立教导连，由彭显模、李华生负责，在油山坪林开展政治训练，在油山田螺坑举办妇女训练班。

1931 年 5 月，粤赣边界军事委员会成立，由陈致中任主席，彭显模当选为常委，徐道球、郑伯伦等当选为委员。这时，国民党又派重兵对粤赣边游击区进行"围剿"，游击队的活动受到了很大的限制。在这种情况下军事委员会决定将游击队分散活动，取消独立团的番号。6 月，将南雄、信丰、南康三县游击队编为南雄、信康两个游击队，每个大队下设三个中队，各有 30 支枪。

在大力发展游击队的同时，中共南雄县委还在广阔的游击区建立众多精干的赤卫队和游击小组。在油山根据地外围的乌迳、孔江、大塘等地，县委领导成员分头深入发动群众，以农民暴动时成立的农民自卫军为基础，建立起不脱产的或半脱产的赤卫队和游击小组，成为县委直接领导游击队之外的又一支重要武装力量。

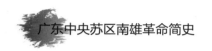
五、游击粤赣坚持革命

南雄革命武装的发展壮大，为游击战争的开展提供强有力的组织保证。中共南雄县委领导红军游击队、赤卫队和游击小组，积极开展活动，用革命的武装坚决打击国民党反革命的嚣张气焰。

1930年9月下旬，受到游击队武装打击的震慑，国民党南雄县政府举行治安会议，议定：在三、五、六区内召集常备队后备队500名待命；限期由警卫总团负责在后备队中挑选召集100名，组织充实警卫队；由商会抽收百货捐充作军费。

11月2日，国民党南雄县长吴文潼与民团头目沈本高纠集民团于大塘圩，准备进攻油山根据地。彭彰伟率领北江红军独立营与信丰游击队乘敌不备，突袭大塘，午后又乘胜攻陷乌迳。游击队毙敌4人，俘敌20多人，缴获枪支20余支。国民党民团进攻不成，反被游击队打得措手不及。

11月6日，江西信丰小河的地方土豪乔装成泥水木匠，携带武器和巨款来到南雄准备购买枪支弹药。刚刚进到南雄龙溪乡水松桥就与北江红军独立营相遇，随即遭到独立营阻击。信丰小河地方土豪的7支驳壳枪、7担大洋被独立营缴获。

北江红军独立营的活动，也惊动了国民党粤军。12月14日，国民党粤军巫剑虹率团进驻南雄布防。15日，粤军谭朗星团又入驻南雄，一营开往梅岭驻扎，其余各营分驻县城内外各处，对梅岭各扼要坑口实行警戒，对县城实行戒严。

1931 年 2 月 22 日凌晨，独立团团长谢泰谦率领南雄独立营趁夜前出，突袭水口圩，活捉国民党南五区"清剿"委员叶子汤及警卫队 20 多人。3 月 8 日深夜，谢泰谦、彭禄山带着红军游击队攻打大塘延村水楼，击毙国民党东六区"清剿"委员冯宠华，缴获 40 多支步枪、5 支短枪、100 多两鸦片和 2000 多银元。南雄东部最顽固的国民党反动堡垒被摧毁。

1931 年 7 月，南雄红军游击队在大庾留地村农民赤卫队帮助下，开拔到大庾县双架岭、黄坑等地打土豪，攻打青龙圩，活捉土豪十多名，缴枪 24 支，并筹集一批粮饷。9 月，南雄红军游击队两次攻打大庾弓里厘金税卡。11 日清晨，南雄红军游击队在彭坑、小汾游击队协助下，攻打弓里厘金税卡，俘敌 20 多名，缴获枪支 20 多支、子弹 2000 多发。20 日一早，南雄红军游击队在元龙圩与弓里必经之地——兰溪设下埋伏，成功袭击国民党军，俘敌 15 名，缴枪 20 多支。经此两战，国民党军再也不敢在弓里设卡收税。

南雄红军游击队充分利用油山根据地群众基础，与赣南各地游击队紧密配合，给予赣南国民党反动派以有力打击，声振赣粤边界。

1931 年 8 月 8—10 日，南雄红军游击队向乌迳活动，于新田与国民党粤军独立第一旅范德星部发生激战。9 月 16 日，范德星部一个团分四路进攻坪林，根据地群众将粤军动向及时传递，游击队避其锋芒，迅速隐蔽，敌军在坪林扑空。

在红军游击队的威慑打击之下，敌军欲战不能，欲罢不能。

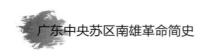
至 11 月，南雄国民党粤军不得不采取堡垒政策，步步进逼地进攻油山。

在两次攻打弓里厘金税卡之后，南雄红军游击队又与信丰、南康游击队在龙回圩联合攻打南康县靖卫团。9 月 27 日，南雄、信丰、南康三县游击队在龙回圩口周边分别埋伏，形成三面包围。上午 10 时，正当靖卫团兵准备入圩之时，游击队三面包围伏击战斗打响。游击队一战歼敌死伤 150 余人，缴获步枪 30 多支，手提机枪 8 挺，取得可观战果。

12 月 10 日，南雄红军游击队在文英圩与粤军周文山部数百人发生激战，将敌击退，缴获步枪 3 支。11 日，游击队转移到江西上犹县营前一带活动。12 日，游击队即在杨梅寺大板村与兴国县的反动武装交战，将敌击退。20 日，游击队攻打大庾县左安，缴获步枪十余支。

六、南雄党组织划归赣南

1929 年下半年，中共赣南特委决定成立中共信（丰）（南）康（南）雄中心县委。1929 年 11 月，中共南雄县委重新组建，彭显模接任县委书记，谢泰谦、陈亿坚、张功弼、李华生等 4 人任县委委员。由此，南雄的党政组织改隶属赣南党政组织领导。

1930 年 3 月 22 日，中共赣西南特委第一次代表大会在吉安富田召开，县委书记彭显模率南雄代表出席大会。

3月27日，毛泽东在江西大庾南安镇召开信丰、南康、南雄三县党的负责人会议。3月28日，毛泽东又在大庾南安镇主持召开赣南西河六县（南雄、大庾、信丰、上犹、崇义、南康）党的积极分子会议。南雄县委书记彭显模、党代表钟蛟球分别出席这两个会议。

4月3日，中共西河行委第一次全体会议在南康龙回举行。负责领导赣南西河地区（含广东南雄，江西大庾、信丰、南康、上犹、崇义等六县）组织活动和武装斗争的中共西河行动委员会（简称西河行委，隶属于中共赣西南特委）正式成立，罗寿男为书记，常委五人，南雄县委书记彭显模当选为中共西河行委常委。

1930年10月，江西省行动委员会所辖之赣南行委成立。1931年2月，赣南行委撤销，在赣南的信丰县新成立中共赣南特委。4月，根据中共中央指示，撤销中共赣南特委，另成立中共赣西南特区委西河分委。南雄县党组织先后受赣南行委、赣南特委和赣西南特区委西河分委领导。

1931年6月，中共苏区中央局决定撤销中共赣西南特区委及其所属各分委，在江西中央苏区分别成立直属于中共苏区中央局领导的中共赣南、赣东和永吉泰等三个特委。南雄党组织被划归陈毅任书记的中共赣南特委领导。同月，根据斗争的需要，中共赣南特委成立中共信（丰）、（南）康、（南）雄中心县委。11月，彭显模调赣南西河行委工作，由王贵文接任县委书记，李华生、谢泰谦为县委委员，驻地设在油山，隶属中共上犹中心县委。

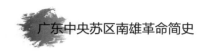

1932年2—3月，县委书记王贵文因私放豪绅地主被惩处，彭显模、李华生二人被上犹中心县委书记李孟弼等诬为"AB"团分子，而惨遭杀害，南雄党组织处于停顿状态。3月上旬，红四军十一师委派叶修林回来南雄担任县委书记。经过整顿，在油山、孔江、乌迳、湖口及县城等地建立支部，全县党员共有100余人。

1932年2月至4月，南雄县委隶属中共湘赣省委下设的西河特委，4月转隶中共河西道委领导。

七、南雄县苏维埃政权的重建

随着赣西南苏维埃政府于1930年3月成立，南雄县、区、乡苏维埃政权亦改受赣西南苏维埃政府领导。6月，赣西南苏维埃政府所属之赣南革命委员会在赣县江口镇成立，南雄县苏维埃政权受赣南革命委员会直接领导。

1930年10月7日，江西省苏维埃政府成立。中共南雄县委根据中央苏区指示，在油山坪林重新建立南雄县苏维埃政府，主席为欧阳老四。坪林、孔江、锦陂、桥江等地的区乡苏维埃政府相继恢复。南雄县苏维埃政府受江西省苏维埃政府赣南办事处直接领导。

南雄县苏维埃政府重建后，配合开展中央苏区反"围剿"斗争，在乌迳、沧浪、铜锣湾、赵岭、井石等地设立临时客栈、茶摊、饭店，为秘密支援苏区的食盐运输线，提供食宿方便，并派出十多名赤卫队员沿途巡逻，保卫商旅安全。

1931 年春，为统一信丰、南康、南雄三县的行动，成立军政合一的临时权力机构——粤赣边界革命军事委员会。南雄县委书记彭显模为该机构 3 位常委之一。

中共赣西南特委书记刘士奇于 1930 年 10 月写给中共中央的报告中，称赣西南"苏维埃区域：有……信丰、南康、大庾、上犹、崇义、寻乌、安远、南雄……等三十余县"。中共赣西南特区委西河分委在 1931 年 6 月 16 日在给中央的报告中也说"在苏区范围来说，南雄和赣南已经是一片的……"。

1931 年春夏，南雄县委又先后派出党员到江西大庾的青龙、池江等地开展革命活动，建立中共留地支部等党的组织，组建贫农团、赤卫队和游击小组。这样，南雄苏维埃区域除本县的二、三、五、六区外，又扩大到江西大庾县的青龙、黄龙、池江等地。

南雄县苏维埃政府驻地设在油山坪林，工作不断得到有效开展。设有看守所，专门用来看管从各地抓捕来的地主、土豪；在豪猪坑设立地方医院和修械所；在坪林设立学生政治训练班；在田螺坑设有妇女训练班；在李坑垄设立兵工厂，专门修理枪械。

1931 年 7 月，中共苏区中央局决定设立苏区湘赣省，成立中共湘赣省委和省苏维埃政府。根据苏区中央局指示精神，中共西河分委所辖信丰、南康、南雄、上犹、崇义等县党和苏维埃政权组织曾一度改隶中共湘赣省委领导。1931 年夏，因南雄游击队大部分转移至江西，苏维埃政府停止活动。

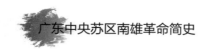

土地分配工作方面也有进展。早在 1928 年春农民武装暴动后，南雄县多个区就开始了没收和分配土地工作。1930 年夏，已在全县苏区全面分配了土地。中共赣西南特委在 1930 年 5 月 22 日写给红四军前委的信说："土地革命比较深入，赣西二十一县除了中心县份除分田以外，其余分了一半的或全分了没有那一县没有。赣南之兴国、于都、泰 [寻] 邬、安远、信丰、大庚、南雄、上犹、崇义、会昌等县都先后分了田或正在分田"，分田范围占全县区域一半以上。

1932 年 7 月，水口战役之后，南雄革命形势有所好转。10 月，南雄县苏维埃政府在孔江兰坵恢复建立，欧阳老四为县苏维埃政府主席，彭水生为副主席，驻地设在孔江乡桐子树下、围上。随着县苏维埃政府恢复，以油山为中心的一些乡村逐步重新建立农会及贫农团组织。

八、"左"倾路线对南雄革命的影响

1931 年冬至 1932 年初，党内"左"倾路线政策的严重影响和赣西南苏区"肃反"扩大化的严重干扰，给正当蓬勃发展的南雄革命斗争蒙上一层阴影。

1931 年冬，因国民党军队采取步步为营的堡垒政策，不断进攻油山根据地，形势十分紧张，彭显模、李华生、彭禄山、徐道球等根据湘赣苏区西河分委的指示，率领南雄游击队 100 多人转移到敌人力量薄弱的上犹县营前一带活动。1932 年 2 月，彭显模和李华生，被诬为"AB 团"而惨遭杀害。这使南雄人民的革命斗争遭到严重的挫折。

自从彭显模等人率领南雄游击队主力过了江西活动之后，由王贵文担任南雄县委书记、谢泰谦为县委委员，领导留下来的一部分游击队坚持油山地区的革命斗争。不久，王贵文因私放豪绅地主而受到惩处。油山一时受到"肃反"扩大化影响，造成人心惶惶，群众发生了悲观恐惧心理，革命斗争一度低落。

1932 年 3 月初，正值中央红军围攻赣州城，得知南雄情况后，将在红四军第十一师的叶修林抽调回到南雄，负责整顿和重建南雄党组织和游击队。3 月 9 日，南雄县党员代表大会在油山大岭崇附近的山寮坑召开，选举叶修林为县委书记，谢泰谦等人为县委委员；重新组织南雄游击队，由叶朗琪任游击大队长，下设两个中队，恢复南雄县苏维埃政府。油山地区的革命斗争又恢复生机。

九、建立粤赣交通联络线

中央苏区在建立时期和形成以后，一直重视建立和加强政治、经济的内外交通。南雄地处粤赣交界，又是中央苏区的南大门。不论在政治上，还是在经济上，经南雄往韶关下广州出香港成为

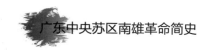

中央苏区联通内外的一条重要交通要道。

在对外秘密交通站点方面，"交通站这个机构，直属中央领导，主要任务在于沟通中央与江西苏区的联系，具体工作就是传递党中央与苏区来往文件，护送同志进入苏区，又由苏区转递财物接济上海中央。我们的公开身份都是商人。我们在土特产贸易较集中的地区，经营北江香菇、南雄烟草、信丰红瓜子等土特产"①。

1930年4月，趁军阀混战、广东空虚之机，毛泽东、朱德率领红四军进占南雄，住在八一街204号品丰店的楼上。红四军政治部设在品丰店。同月，红四军军委代理书记熊寿祺由南雄化装赴上海出席全国红军代表会议。月底，时任赣西南苏维埃政府主席的曾山，从南雄启程经广州、香港赴上海参加会议。1931年3月，红七军前委书记邓小平从南雄启程经广州、香港赴上海参加会议和汇报工作。

在建设粤赣大道打破封锁方面，中央苏区进行矿产资源贸易，则既要便捷，更要保障安全。经广东转香港出口海外，成为中央苏区进行矿产资源贸易的主要通道。协同赣南建立粤赣大道，成为南雄县委开展革命斗争的又一重要任务。

1930年4月，中共江西省委曾规定三个组织发展路线，其中一个即是"由赣州经南康向大庾发展，取得与广东南雄的联系"。10月，赣西南特委关于苏维埃工作的报告中，充分肯定"大庾丰

---

① 据香港交通总站副书记黄英博回忆。

富的矿产资源及繁华的经济，为中央苏区进行矿产资源贸易，解决中央苏区的经济困难，提供了很大帮助"。

1931年5月，赣南特委改设为中共赣西南特区西河分区委员会。西河分委为联通粤赣、打破封锁，积极推进粤赣大道沿线革命活动和武装斗争。南雄县委在帮助大庾新城、池江等地发展党员、建立党组织的同时，先后领导组织建立中共留地支部和彭坑支部，在青龙的章江以南山区建立游击根据地。

为帮助中央苏区解决食盐与药品紧缺的困难，南雄县苏维埃政府依靠根据地群众，组织运输队及动员商贩参与，建立由乌迳圩，经孔江沧浪、铜锣湾、赵岭、井石，过信丰、赣县，直达于都的物资运输线，向中央苏区运送急需的食盐与药品等物资。为确保运输安全与畅通，南雄县苏维埃政府在运输沿线设立临时旅店、客栈、茶摊，派出十几名赤卫队员协同留地农民武装在县境内沿途维持治安。

粤赣大道和物资运输线的稳定通畅，有效地打破了国民党反动派对中央苏区的经济封锁。

在对内地下交通网点方面，自1932年3月起，国民党粤军配合蒋介石在南线进攻中央苏区，在实施大规模军事"围剿"的同时，不断加强和实行严密的经济、物资封锁。为打破国民党粤军及地方民团对游击根据地的封锁，保障游击区之间以及游击区与中央苏区的正常联系，沟通和搜集敌军情报，南雄县委和游击队以油山、北山游击根据地为重点，建立粤赣地下交通网点。

油山一路分三个线路：一是由南雄经油山出江西大庾的留地、

麦云头村（交通网点）至青龙；二是由油山出江西大庾的宰庄坑，经杨柳坑、谢背地、麦云头村（交通网点）至青龙；三是由油山出江西大庾的梅山，经腊水龙、竹篙山、冬塘坑至大庾县城（交通网点）。油山区委负责人叶明魁常驻麦云头村。

北山一路分五个线路：一是由北山游击队驻地帽子峰出江西大庾的右源太公庙（交通网点），经桥头水、茶亭坳、西坑坳、竹篙山（交通网点）、冬塘坑至大庾县城（交通网点）；二是由北山游击队驻地帽子峰出江西大庾的上村小卖店（交通网点），经交岔坳至仁化长江地区；另外三路由帽子峰出江西分别经马坳，经黄坑，经河滴水、大萌里至大庾游仙圩。

除一部分重要交通网点直接由县委、游击队安排负责人外，大部分由经过挑选的当地革命群众作为负责人，并以开设饭店、客栈、茶铺、小卖店、香菇棚、土纸厂、渡口甚至庙宇作为谋生，以各种普通人身份开展地下交通工作。

第三节　水口战役与保卫中央苏区

一、激战水口痛击敌军

1931年9月，中央苏区红军粉碎了国民党向中央根据地发动的第三次"围剿"。但蒋介石不甘心失败，又深感军力不足，便收买和任命广东军阀陈济棠为赣粤闽湘鄂南路"剿匪"总司令，令粤军入赣"助剿"。陈济棠便于1932年3月中旬派第一军军长余汉谋率两个师进入赣南：第一师李振球部驻赣州及其附近地区；第二师叶肇部进驻南康及其附近地区；一军军部和直属部队驻大庾及其附近地区。另派第二独立旅陈章部进驻南雄。其后又派第二军第四师张枚新部进驻赣南的信丰，直接威胁中央苏区的安全。

同年6月初，为了解除粤军对中央苏区的威胁，保障中央苏区的安全，中央军委命令红一、五军团回师赣粤边。为了便于指挥作战，中央军委恢复了红一方面军建制，统辖红一、三、五军团。由朱德任总司令，王稼祥任政治部主任，毛泽东则随一军团行动。

6月下旬，红一、五军团从闽西到达赣南，接到方面军制定

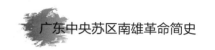
的战斗部署：由信丰南部进窥南雄，使敌人以为红军可能要取韶关甚至广州，估计各路粤军必将回援南雄，红一、五军团和十二军以及江西独三、六师分别协同配合，相机在运动中于南雄附近给粤敌以最大打击。于是，红一、五军团离开赣南，向粤北南雄进发，于6月底7月初到达了南雄乌迳一带。

7月1日和2日，红三军团在大庾池江大路坳一线截击从赣州向大庾撤退的粤军6个团，经过激战，击溃其4个团。粤军便退守大庾城。7月3日晨，红一军团一部击溃梅关守敌一个团，控制了梅关要隘。红一方面军在梅关、中站一带设立了指挥部，7月3日至5日，红三军团围攻大庾城，余汉谋凭借坚固的城墙，龟缩不动。红三军团连攻两日，未见城内动静，误以为大庾粤军主力已于早几天向仁化方面逃窜。指挥部便命红五军团直插南雄南部，防止南雄粤军向南逃跑。

7月6日，粤军张枚新第四师按照余汉谋关于"缩小防区，回师南雄固守"的命令，离开了信丰，向南雄撤退。指挥部又命红五军团返回湖口待命。

7月7日，粤军第四师到达了乌迳地区。陈济棠派来增援的李汉魂独立第三师和张达的第五师也已到达南雄；并以一部向我中站方向出击，当天到达新迳附近。指挥部于是命令聂荣臻和林彪统一指挥红一、五军团和十二军，准备歼灭南雄出犯之敌；命令红五军团和江西独立第三、六师负责歼灭第四师。

8日凌晨，红五军团在向乌迳开进途中发现粤军第四师由浈水南岸向南雄逃窜，即改变行军方向，向水口堵击。当天下午1

时，在水口以东的篛过村隔河与敌人打响战斗。当晚敌人退守水口圩及附近高地。但红五军团却误报水口之敌已向南雄城方向逃跑，致使方面军改变了原先一度决定的由红一军团和红十二军增援水口的计划，而没有赶到水口。

9日凌晨子时，余汉谋一面命第四师固守待援，一面命令独立第三师和独立二旅由南雄县城星夜赶往水口援救张枚新师。正午12时，援敌到达水口与张枚新师会合。下午3时，以优势兵力首先向水口西南面的红三军猛扑。红三军指战员占据有利地形，英勇顽强地阻击敌人，多次打退敌人的全线冲锋，把失去的阵地夺回来。在水口东面阵地上，粤军也进行反扑。红五军团总指挥董振堂把外衣脱掉，穿一件白衬衣，走到阵前沿，亲自指挥四五千名手持大刀的战士，分四路冲向敌阵。随着震耳欲聋的喊杀声，战士们手起刀落，敌人一片片倒下，阵地上尸横遍野，战士们浑身上下血迹斑斑。敌人一次次进攻，又一次次溃退，战斗达到了白热化的程度。据战后统计，光被红五军团战士砍死的粤军就有近千名。

下午4时，在红十三军阵地上，粤军的进攻有所减弱。但是，红三军阵地上的敌人，仍在猛烈进攻。连续激战八小时，红三军的战士伤亡很大，干部伤亡很多，预备队已经全部参战，弹药也渐渐缺乏。战局仍无法扭转，敌人还在增兵。这时，红三军只有固守阵地，没有出击能力。粤军看出红三军这个弱点，又遣强大兵力从左右两翼猛攻。红八师及十九团，因团连干部死伤过多，失去指挥中心，全线十分混乱。军长、政委、参谋长亲自上阵，

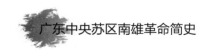

维持队伍，才把阵脚稳住。6时，粤军还在进攻。红三军陷入困境。此时陈毅率领江西独立第三师和第六师赶来增援，才打退敌人进攻，稳住了战局。晚间，方面军总部令红五军团选择有利地形固守待援。

10日拂晓，红一军团及红十二军从中站、里东、邓坊等地赶到水口战场。毛泽东、聂荣臻、林彪一起到了设在水口桥北侧无名高地的红五军团指挥所。毛泽东听取了总指挥董振堂和政委萧劲光的汇报，了解了敌我两军态势，又亲自观察了敌军阵地，当即向林、聂、董、萧等人部署了战斗任务：红一军团增援在南岸作战的红三军，红十二军增援北岸作战的红十三军。

上午7时，红一军团和红十二军按照命令开赴指定位置，会同红五军团和独立第三、六师，向粤军勇猛冲杀，战至下午4时，麇集于水口战场的粤军共十一个团，在红军强大攻势下全部溃退。红军乘胜追击，一直追到距离南雄仅有十余里的滃溪才收兵。

当天下午，彭德怀率红三军团主力从大庾赶到水口，与红一、五军团会师。历时三天两夜的水口战役结束。

水口战役后，红军一部在南雄东部的乌迳、界址、坪田等地休整。7月下旬开往江西。南雄县委书记叶修林随红军行动，1934年4月21日在江西筠门岭与粤军作战时牺牲。红军离开南雄时，留下李乐天等10多名干部和150支枪，坚持赣粤边游击战争，并由李乐天接任南雄县委书记。

水口战役是中国革命战争史上有名的战役，也是土地革命战争时期一场罕见的硬仗。此役共歼灭粤军近2000人。粤军遭此打击，全部退出了赣南根据地，以后很长时间未敢轻举妄动，使中央苏区南翼得以安宁。

二、南雄人民踊跃支前

水口战役期间，中共南雄县委和南雄游击队及广大人民群众给予苏区红军大力支持。7月初，当红一、五军团到达南雄时，南雄地下党组织和游击队立即发动群众迎接红军的到来，主动给红军腾房子、筹集粮草、安排生活。水口战役打响后，南雄地下党组织和游击队又动员群众大力支援前线。

当红五军团奔赴篛过村附近截击粤军第四师时，篛过村群众不分男女老幼，都踊跃参加支前工作，日夜为红军烧水、送饭、送信、救护伤员；晚上，又把自己的房子腾出一些来给红军休息。

战斗越来越激烈，由南雄地下党组织在各地组织起来的担架队，也及时地赶到水口前线，抢救红军伤员，仅上朔村就出动了几百人，帮助红军挑子弹、行李、抬担架，把18名伤员抬回上朔村医治。当时，南雄地下党组织还帮助红军建立了一条从水口直达中央苏区的伤员运送路线，即由水口经乌迳，入孔江，上油山的畲箕窝，再转江西信丰、赣县直至于都，南雄地下党把这项工作交给了孔江乡。孔江乡苏维埃政府主席赵世煌，带领乡里的骨干分子，挑选了40多名身强力壮的中青年组成救护队。他们负责

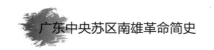
接收从乌迳方面送来的伤员，然后抬着这些伤员翻山越岭，送到粤赣边的筲箕窝，交给下一站运往苏区和各地治疗。在战斗中，参加支前的革命群众，冒着枪林弹雨，在战场上来回奔走，有的为革命流血牺牲，光是上朔村就伤亡了几十人。

同时，南雄游击队也积极配合红军作战，主动担负军事侦察、警戒、通讯、带路等重要任务，为这次战役作出了贡献。

三、开辟南山北山新区

1932年7月，水口战役结束后，红二十二军政治部政治干事李乐天及十多名红军干部留在南雄，李乐天接替叶修林担任南雄县委书记。李乐天以红军留下的十多名红军干部和150多支枪为基础，将南雄游击队扩编为南雄游击大队，下设3个中队。

1932年8月，李乐天将南雄游击大队改编为独立第三营。同时，南雄县委在油山根据地加强党组织建设，党员发展至100多人，并重建油山区委，叶元生为区委书记。随后，南雄县委即派出肖星鹏、邓明生、张达生、赖水石、曹水清等到南山（即乌迳、新龙、界址、坪田及江西信丰、全南边界）开辟建立南山革命根据地。

1932年8月，南山区委和南山游击队同时组建。南山区委下辖南雄乌迳、新龙、坪田、水口及粤赣边界等地支部。邓明生任南山区委书记，张达生任南山游击队队长，邓明生兼任南山游击队政治委员。

油山游击力量发展壮大，南山游击根据地建立，南雄革命武装重振旗鼓，南雄县苏维埃也随即恢复健全。1932 年 10 月，南雄县苏维埃政府在孔江兰坯恢复建立，欧阳老四为县苏维埃政府主席，彭水生为副主席，驻地设在孔江乡桐子树下、围上。随着县苏维埃政府恢复，以油山为中心的一些区、乡农会及贫农团组织逐步重新建立。

为彻底打破敌人妄图消灭南雄油山游击队的计划，南雄县委决定以帽子峰为重点，开辟北山新的革命根据地。

1933 年 2 月，县委书记李乐天从油山游击队中抽派陈兴辉、刘甫源、欧阳老四等率领 80 多名游击队员开抵北山帽子峰（即珠玑横江、帽子峰、澜河、白云一带）。通过革命教育，顺利将活跃于北山的绿林杨木生部十余人收编。随后，通过组织发动，南雄帽子峰一带的洞头、澜河，仁化的长江和江西大庾的右源、河洞、沙村等地贫苦农民纷纷投奔北山游击队。

1933 年 3 月，北山区委和北山游击队建立。北山区委下辖南雄帽子峰、珠玑、湖口及粤赣边界等地支部。刘甫源任北山区委书记，陈兴辉任北山游击队队长，刘甫源任指导员。

1933 年 5 月，北山游击队队伍很快发展到 200 多人。经过训练，北山游击队成为一支新生的游击力量。以帽子峰为中心的北山游击区的开辟，打通了南雄与江西上犹、崇义赤色区域的联系。

在南雄县委领导下，北山游击队凭借世居山区、人熟地熟等

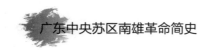

有利条件，在北山地区活跃开展游击战争。历经打土豪、惩恶徒、歼民团，以及摧毁国民党乡、保政权等一系列斗争考验，北山游击队声威大震，成为粤赣边战斗力极强的一支游击力量。

随着中共南山区委、北山区委先后建立，以及南山、北山游击队建立和发展壮大，南山、北山革命根据地得到巩固和发展。

第四节　中央红军战略转移在南雄

一、粤赣边区组织应变

1933 年 9 月，蒋介石正式向中央苏区发动规模空前的第五次"围剿"，陈济棠被任命为南路总指挥。盘踞中央苏区西南方向的国民党粤军，以第一、第三军分西东两路，向中央苏区节节推进。赣南战事节节失利，苏区区域被敌不断攻占，区域范围不断被分隔收缩。

历经数月，中央苏区第五次反"围剿"的一系列战斗均遭失败，形势极为严峻。至 1933 年冬，为加强党对赣粤边区的军政组织领导，中央苏区在油山地区调整成立中共信（丰）、（大）庾、（南）雄中心县委的同时，组织成立中共信庾雄军政委员会。李乐天任中共信庾雄中心县委书记、军政委员会主席，归粤赣省委领导。

中共信庾雄中心县委和军政委员会成立后，南雄设立三个区：油山区、南山区和北山区。叶元生任油山区委书记，曾彪任油山游击队队长；邓明生任南山区委书记，赖水石任南山游击队队长；

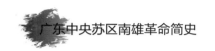

刘甫源任北山区委书记，陈兴辉任北山游击队队长。此前，雄庾游击队已发展组建，南雄北山游击队的杨木生出任雄庾游击队队长。

1934年6月，赣粤边军政委员会成立，中共信庾雄中心县委书记李乐天出任赣粤边军政委员会主席。10月上旬，根据赣南军区指示，李乐天指派肖国稠、曹水清率40多名游击队员配合信丰崇仙游击队展开游击，扩大信丰南区游击区，建立焦山游击根据地，做好接应红军主力部队转移准备工作。

10月中旬，李乐天派遣南雄游击队返回北山继续开辟新游击区。在信丰石坳背，李乐天召集30多名红军游击队干部，开办军政委员会干部训练班，加强敌后游击战争及白区工作政策培训，并在油山设立红军后方医院——赣粤边军政委员会卫生所。

在赣粤边军政委员会统一领导下，赣粤边游击队占领山地、灵活机动、伏击袭击、出奇制胜，赣粤边游击战争依然得到有效开展，游击根据地得以巩固扩大。

二、赣南省的设立

1934年5月，自筠门岭失守后，粤赣军区和粤赣省所辖地域日益缩小，仅剩会昌、西江、于都、登贤等县苏区。5月17日，中革军委就军区和军分区的划分及目前的任务发布训令（第18号命令），对中央苏区的军区和军分区及其任务作了调整，增设赣南军区，由中央政府副主席、中央书记处成员项英兼任军区司令员和政治委员。

赣南军区下设两个作战分区，其任务是钳制赣州的国民党粤军，发展粤赣边境游击战争，保持与河西湘赣苏区的联系，并将信康和南雄两个地区列为远殖游击区一起划入赣南军区直接领导。5月下旬，设立赣南动员区，项英兼任赣南动员区主任。6月下旬，成立赣南战地委员会，隶属中共中央领导。

1934年7月，鉴于粤赣省苏区不断失陷，同时为适应红军主力即将实行突围转移的战略需要，中共中央和中央政府决定在赣南战地委员会的辖区内增设赣南省，组建工作由项英负责。8月上旬，中共中央和中央政府陆续向赣南省委、省苏维埃政府调派干部。南雄苏区由此划入赣南省范围，归赣南省委、省苏维埃政府管辖。

三、红军长征经过南雄

1934年10月25日，历经百石、新田圩、金鸡圩、古陂、石背、安息一系列激烈战斗，中央红军全部完成西渡桃江，基本突破粤军的第一道封锁线，向赣粤边界突进。

10月25日，红一军团从江西信丰县大江圩、万隆进入南雄

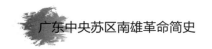

县界址宿营。10月26日拂晓，红一军团二师四团团长耿飚率领该团为前锋部队，进至南雄乌迳、新田。

与此同时，余汉谋一部在红军由信丰西进必经的乌迳、新田等地设兵布防。粤军第一军教导师一个团驻防在南雄乌迳、新田，其中粤敌一个连正在乌迳、新田一带构筑工事，企图阻滞红军行动。

红军的先遣部队（直属侦察连）由160名战士组成，由外号"小老虎"的刘云彪率领，乘敌不备，三路夹攻乌迳、新田驻敌。红军战士凭借地形掩护，冲锋枪、步枪、短枪一齐射向敌阵，手榴弹在敌群中炸开了花。整个新田顿时枪声大作，双方展开激战。驻新田、乌迳的粤敌抵挡不住，最后丢下20多具尸体，仓皇逃命。

新田之战后，红一军团直属队进驻南雄界址圩。至10月28日，左路红一军团大部经乌迳、锦陂、大塘、夹河口、坪田坳一线出江西大庾县兰村，另一部由江西的信丰县下坑，经黄地、大兰到达大庾县兰村与大部队会合，随后从大庾县南部向赣、粤、湘边开进。

随后，红九军团由南雄界址、沿红一军团行进路线进至南雄油山坪田坳和大庾县兰村一带。中央红军教导师师长张经武率领教导师，奉命在南雄、水口方向警戒，在乌迳阻击粤军一天一夜。

中央红军突破粤军第一道封锁线后，陈济棠已令其主力后撤至大庾、南雄及粤北一线，以防红军进入广东。

1934年11月5日至8日，突围西进的中央红军从湖南汝城、广东仁化城口间顺利通过国民党军第二道封锁线；11月13日至15日，又在湖南郴县、良田、宜章和广东乐昌之间顺利通过国民党军第三道封锁线，继续向湘桂边前进。

四、播洒星火在南雄

中央红军突破第一道封锁线，长征经过南雄以下圩镇、村庄：

界址——下屋子村、崇化、界址圩、洋街；

乌迳——孔塘、官门楼、乌迳圩、新田；

油山——锦陂、上朔、夹河口、茶田、山背、黄陂洞、大兰。

中央红军从10月25日进入南雄界址，到10月31日离开小梅关，在前后7天的时间中，积极向当地老百姓宣扬共产党的革命纲领和主张，积极宣传扩大红军队伍，在许多村庄留下大批反抗封建剥削压迫、参加红军、支持红军的革命标语。这些革命标语，历经风吹雨淋，至今仍有部分得以保存，成为那段光辉历程的最好见证。

红军不怕牺牲、坚韧不拔的革命精神和不拿群众一针一线的铁的纪律，在人民群众中留下了极深刻的印象，得到了当地老百姓的热情支持。红军进驻南雄乌迳圩、新田村时，恰好遇上当地村民正在欢度"姓氏节"。当地村民忙里忙外，将村里玉珊堂、爱

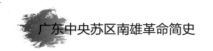

敬堂、叙伦堂等十几座大祠堂腾给红军宿营，红军与村民一起欢度姓氏节。

中央红军离开乌迳、新田后，转入南雄油山地区，油山人民和红军游击队更是给予积极的帮助和支持。红军长征转移时，上朔人民纷纷为红军送茶水、送米送粮、照顾伤员、站岗放哨、烧火做饭、打扫厅堂。中央红军长征时，几位身负重伤、无法继续行军的战士在官门楼村留下，由当地党组织安排到群众家中隐蔽养伤。

第五节　赣粤边三年游击战争

一、油山会师

1934年10月，中央苏区红军主力长征后，苏区中央局和中共赣南省委指示，为加强对赣粤边革命斗争的领导，在江西省于都小溪成立中共信康赣雄（即信丰、南康、赣县、南雄）特委和信康赣雄军分区。李乐天任信康赣雄特委书记兼军分区司令员，杨尚奎任信康赣雄特委副书记兼军分区副司令员，王龙光任组织部长，向湘林任军分区参谋长，李国兴任军分区政治部主任，刘新潮（刘建华）任少共信康赣雄特委书记。

11月下旬，根据中央分局和赣南省委、省军区指示，中共信康赣雄特委、信康赣雄军分区机关干部和所辖独立营700余人、300余枪支，从于都小溪出发向赣粤边界转移，经赣县、南康、信丰、大庾后，到达南雄油山。

1935年2月，中央苏区所有县城全部失陷，留守苏区的部队分成九路突围。九路突围的其中三路不约而同突围转移至南雄油山。除曾山部一路失利，两路胜利到达。

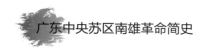

3月6日，赣南省委、省军区机关和独立第六团开始突围，在畚岭地区与粤军遭遇激战。赣南省军区司令员蔡会文、少共赣南省委书记陈丕显等人率领赣南省委机关和部队300余人，冲破粤敌牛岭、马岭封锁线，经定南再转入信丰，于4月初辗转来到南雄油山。

3月9日傍晚，项英向党中央发出中央分局形势汇报的最后一份电报后，与陈毅一起率领红二十四师第七十团的两个大队，从于都县上坪山区出发突围。

因国民党军封锁严密，渡河受阻，陈毅率部由天心圩折返上坪山区。项英率部遭遇粤军阻击，与陈毅失去联系，至天亮后才率部分人员撤回上坪，与陈毅会合。上坪随即被粤军和蒋介石的北路军四面包围，部队很快被打散。

随后，项英、陈毅巧遇曾纪财（曾任江西信丰县委书记），换上便装，由曾纪财带路，在赣县立濑偷渡桃江，向赣粤边界转移。抵达信丰牛颈后，找到地下党组织，由地下党组织派出交通员，于3月底辗转将项英、陈毅、曾纪财等安全送达信丰雉山。又经过一路颠沛，抵达信康赣雄特委驻地——南雄油山廖地村，项英、陈毅等与李乐天、杨尚奎顺利会合。

经过浴血奋战，李乐天、杨尚奎，项英、陈毅，蔡会文、陈丕显三路红军部队1400多人先后转移、突围，胜利会师油山。油山地区成为赣粤边游击战争的指挥中心。

二、大岭下会议与长岭会议

1935 年 4 月上旬，针对现实变化情况和即将面临的险恶形势，中央分局在南雄油山大岭下村组织召开了赣粤边党军联席会议，赣南省委、赣南军区，信康赣雄特委、军分区，以及南雄、信康赣县委的党、军领导干部 20 多人参加会议。

粤赣边党军联席会议由中央分局书记项英主持。会议听取李乐天、杨尚奎工作情况汇报后，项英、陈毅对实行游击战争及组织方式和斗争方式作出部署，对赣粤边党组织建设和军事部署及游击斗争开展作出五项决定：

一是扩展成立赣粤边特委、军分区。为更广泛地领导游击战争开展，将信康赣雄特委、军分区改为赣粤边特委、军分区。

二是加强党和部队的组织领导。中央分局、中央军区坐镇赣粤边，直接领导指挥。同时，调整加强赣粤边党的建设和组织军事活动。

三是建立和发展赣粤边游击根据地。确定以南岭山脉为依托，以油山、北山为中心，建立和发展游击根据地，在赣粤边长期坚持和开展游击战争。

四是明确斗争原则，作出分兵决策。要求各部以保存自己的力量为原则，迅速分兵到各区各地，发动群众，开展游击斗争，以粉碎敌人的"清剿"，迎接新的革命高潮的到来。

五是确定四个分兵方向和要求。其一，由赣粤边军分区参谋长向湘林率领一部 300 多人到南雄南山地区，前出信丰万隆、崇

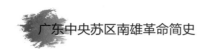

仙、小江、隘高及信丰安远交界地区开展游击，同时准备接应从中央苏区突围的失散部队；其二，由赣南军区司令员蔡会文、少共赣南省委书记陈丕显率领一部前出南雄北山，并留在南雄北山一带待命；其三，项英、陈毅与李乐天、杨尚奎等率领粤赣边特委、军分区机关及一部稍后向北山转移；其四，命令信丰游击队立即向崇仙一带转移，以摆脱国民党军对油山的包围"清剿"。

大岭下党军联席会议认真分析形势，统一思想，加强领导，确定斗争方式，在思想上、组织上、军事上对赣粤边游击战争的坚持和扩展作出了明确的战略部署。

1935年4月中旬，为进一步统一干部思想，推进大岭下党军联席会议战略决策和部署的落实，抓紧做好应对国民党军对游击区"清剿"的各项准备，赣粤边特委、军分区干部会议在大庾县河洞乡长岭村召开。李乐天、杨尚奎、蔡会文、陈丕显、贺敏学、李国兴、罗世珍、张日清等赣粤边特委、军分区和各县县委领导，以及各部队连以上干部70余人参加会议。

长岭会议由项英主持。会议进一步明确提出"依靠群众，坚持斗争，积蓄力量，创造条件，迎接新的革命高潮"的斗争方针，即以油山、北山为主要根据地，依靠群众，坚持长期的游击战争；在斗争策略上，强调要以保存有生力量为主，积极领导、充分发动群众开展斗争，反对游击习气，防止死打硬拼和消极隐蔽的倾向；在战争战术上，要采取灵活机动的斗争方式，长期坚持游击战争。

会议确定将赣粤边游击区划分为油山区、北山区、信南区、信康赣区及犹崇区等五大区；中共赣粤边特委下设中共南雄县委（罗世珍为书记）和中共信康赣县委（刘符节为书记），县委以下根据实际情况，健全成立区委、工委和支部以及少共团组织。

会议决定按照"统一指挥，分散行动"的原则，将部队编成4个大队和若干小队分散活动，随地区划分，分别开往油山区、北山区、信康赣区和信南区四个游击区。同时，会议还对赣粤边游击队的力量部署进行调整。

三、挫败国民党粤军和保安团的"清剿"

经过大岭下党军联席会议及长岭会议，项英、陈毅对中央分局与赣粤边特委、军分区的组织指挥作出具体分工。项英、陈毅与特委机关坐镇南雄北山，统一领导指挥赣粤边游击战争。李乐天重点负责南山游击区的领导指挥工作。

1935年4月，赣粤边游击队4个大队和若干小队先后向四大游击区分兵出击：

蔡会文率领两个大队300余人，由南雄北山前出湘赣边，建立崇义、上犹游击根据地，向湘东南的汝城、桂东一带发展，成立中共湘粤赣边特委及湘粤赣游击支队，湘南游击区迅速得到发展。

李国兴率领一个大队前往崇义的文英、古亭、聂都和大庾的内良一带，打开工作局面建立游击区，使北山与蔡会文建立的湘南游击区联成一片。

刘甫源率领一个大队，前出大庾沙村、浮江、洪水寨一带开展游击斗争，主要牵制驻守大庾的国民党粤军。

黄成则（队长）、张日清（政委）率领一支游击小分队，前出信丰南部，向江西"三南"（全南、龙南和定南）发展，加强大龙地区的工作，开辟扩大"三南"游击区。

曹耀铨（队长）、曹水清（政委）率领南山游击队，开往南山游击区的南雄、信丰边界地区，向信丰、"三南"、崇仙、安远一带发展，并设法与中央苏区取得联系。

曾彪（队长）、肖国稠（政委）率领一支游击小分队在南雄、大庾的梅岭地区活动。

红二十四师七十一团留下的贺敏学、游世雄两个连编入赣粤边游击队，随特委行动。同时，为保障和加强特委与各县委、各游击区的上下沟通联系，赣粤边特委、军分区以油山为中心建立三条秘密交通联络网：一条主干线由油山与"三南"沟通；一条主干线从油山经梅山与北山沟通；一条主干线由油山与大龙沟通。

自1935年4月至1936年6月，国民党粤军及地方反动武装以数十倍于游击队的兵力，采取各种险恶手段封锁包围，对赣粤边地区红军游击队连续进行三次大规模"清剿"。

在项英、陈毅和赣粤边特委、各县县委组织领导下，赣粤边红军游击队依靠群众、发动群众，与国民党粤军及地方反动武装展开一场又一场艰苦的反"清剿"斗争。5月，曾彪率红军游击队突袭东六区公署所在地乌迳圩，全歼敌靖卫团和区公署武装，迫使敌"清剿"油山根据地的部队调回到乌迳圩。

1935年5月，面对数十倍于己的国民党军、地方反动武装，形势严峻而残酷，龚楚革命信念动摇崩溃，自带一营部队投敌叛变，被广东军阀封为"剿共游击司令"，并配备"卫队"30多人。10月中旬，龚楚为邀功，率其"卫队"前往北山，制造"北山事件"，企图破坏红军游击队的指挥中枢，捉拿项英、陈毅和赣粤边特委领导人。

1935年11月29日，国民党江西省第四行政督察区保安司令部指挥保安第十一团、保安第十二团特务分队和第三大队七、八两个中队及各县"铲共义勇队"、碉堡守护队共计十余万人，对红军游击区进行"清剿"，扬言55天全部"肃清"红军游击队。

这次大规模"清剿"采取的手段极其毒辣，强迫实行移民并村，实行禁山封坑和严密保甲制度，妄图将山区形成无人区，切断群众与红军游击队的联系。对此，从南雄北山转移到油山不久的项英、陈毅，在信丰潭塘坑滴水垄召开特委、信康赣县委和南雄县委联席会议（即潭塘坑联席会议），部署粉碎"清剿"的对策。

潭塘坑联席会议之后，特委主要领导人进一步深入各地，分散到山边或山外。项英在信康赣游击区坐镇潭塘坑，李乐天到信丰崇仙游击区加强领导，向"三南"边界发展新游击区；陈毅、杨尚奎、陈丕显到南雄游击区，陈丕显负责向大庾池江开辟工作，杨尚奎负责向南雄里东及江西大庾开辟工作；叶名魁驻大庾青龙麦园头，负责向青龙、黄龙一带开辟工作；刘新潮驻信丰上乐，

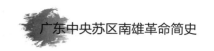
负责向大庾新城地区开辟工作；王龙光负责加强大龙中心区委。

随着对各游击区县、区党的组织领导加强，赣粤边游击区进入一个新的发展阶段。

经过一段时间周旋，赣粤边特委、军分区在进一步缩小目标、分散活动的同时，决定组织部分力量跳出重重包围，向敌后转移至信南（包括南雄东南部、信丰南部和三南东北部），加快开辟、扩大以青龙山为中心的信南游击区。

不久，肖国稠、杨联帮率领信南工作团工作队员进入信南地区的社迳、龙下两地山区，与游击队一道投入开辟信南游击区的战斗。随后，中共赣粤边特委书记、军分区司令员李乐天按照特委分工亲自进入信南地区，领导和指挥开辟信南游击区、建立青龙山根据地的斗争。

1936年1月间，李乐天与游击队队长刘矮古和管理员及两个警卫员，从特委机关返回，在信丰小河乡（今极富乡）遭到粤军宋士台团一个连的包围。突围战斗中，李乐天不幸身负重伤，壮烈牺牲。

2月下旬，中共信南县执行委员会组建成立。罗世珍（化名张俊达）为书记，肖国稠为组织部长，刘帮华为宣传部长，杨联帮为少共书记，曹水清为委员。中共信南县执行委员会成立后，统一领导和指挥信南地区各支游击队，以青龙山为依托，重点在"三南"边界地区开展党的建设和游击战争。

1936年2月，国民党粤军采用胁迫村民群众展开"万人大抄山"的方式，对赣粤边游击区发动第三次大规模"清剿"。

赣粤边特委对此立即作出反抄山的部署：将特委指挥机关分散到大庾、南康进行暂时隐蔽，若遇敌抄山再转移至信丰、南雄境内；项英随信康赣县委转移到大庾、南雄境内，工作人员到山外活动；趁敌进入山区抄山时，游击队转移到山外开展游击，袭击敌后方机关，使敌首尾难顾；以党、团员和群众骨干为核心，动员群众在抄山时故意大声吆喝，以通信息。以各种方式消极怠工，打破计划执行；组织群众游击小组在敌后方进行破坏、宣传活动，扰乱敌后方。

大举抄山没两天，敌后方便纷纷遭到红军游击队袭扰。敌军据点被放冷枪，通信线路被割断，乡公所被袭击，圩场被贴标语，而且游击队活动范围还不断扩大。而搜山的群众一面消极怠工，一面纷纷以各种理由为借口，吵吵嚷嚷要求下山。各路抄山队、砍山队只抄砍了 3 天，便在群众一片抱怨中灰溜溜地出山了。

国民党粤军对赣粤边游击区的第三次"清剿"被挫败后，不得不将限期"清剿"改为长期"清剿"，继续采取封锁、"抄剿"的手段向游击区进攻。

四、粤赣边游击队的发展

1936 年 6 月"两广事变"发生。6 月中旬，赣粤边特委干部会议在北山区召开。会议指出"两广事变"的实质是假抗日、真夺权，要大家认清其实质。会议决定亮出游击队的旗帜，提出明确的政治口号，把游击队适当集中起来，积极开展游击战争，扩大游击区，壮大红军游击队，恢复、健全党的组织和群众组织。随后，赣粤边游击战争进入一个新的发展阶段。

为加强南雄、大庾党的组织领导，中共南雄县委由陈毅兼管；由杨尚奎兼任1936年3月成立的中共雄庾中心县委书记，袁达郊、叶名魁为雄庾中心县委委员。

油山游击队在陈丕显、曾彪率领下，积极向水口、乌迳、里东、邓坊及江西池江等地发起攻击。几经战斗，油山游击区的范围扩大到孔江、上朔、邓坊、竹山下、仙人岭一带，游击队深入到珠玑的横江、上嵩、下洞一带活动。

七八月间，项英、陈毅将北山游击队调到油山，集中油山、北山游击队力量打击油山地区国民党保安团和地方反动民团，先后出击大庾县新城、青龙、池江、留地，南雄县里东、水口、乌迳，信丰县九渡、大河、池江、黄泥排等地。油山游击队队长曾彪带领雷金达、刘苟苟等两名游击队员外出筹款、筹粮，经大庾青龙圩、麦园头到两卡水，与保安团遭遇，发生战斗。曾彪腿部中枪，掩护队员突围后流血过多而牺牲。曾彪牺牲后，吴少华接任油山游击队队长。

北山游击队在"北山事件"后于1935年12月重建，1936年4月，特委从信康游击队抽调温峰山中队四五十人前往北山，北山游击队由30余人发展到100多人，队伍建制也由分队发展成为中队，再扩充至大队。北山游击大队组建成立后，即以帽子峰为中心，积极开展游击战争，活动范围包括上嵩、角湾、塘东、下洞、横江、莒塘、澜河、白云和大庾的河洞、内良等地。游击大队打上嵩土围，缴枪十多支；袭击里东乡公所，歼敌30多名，击毙反动乡长；攻打白云圩，袭击粤敌军车，缴获军用物资；党组织和交通站得到恢复；不少群众积极参加游击队等，使北山游击区得以恢复和扩大。

五、粉碎国民党四十六师的"清剿"

国民党蒋介石始终不甘心一年多赣粤边"清剿"的失败，对红军游击区的存在如鲠在喉。1936年8月，"两广事变"和平解决后，蒋介石调动其嫡系部队再上战阵，将原驻防赣州的国民党军第四十六师调入赣南，以"石头要过刀，茅草要过烧"，对赣粤边游击区拉开新一轮的大规模"清剿"。

1936年8月底，在江西省及各县保安团和各地"铲共义勇队"配合下，国民党第四十六师深入赣粤边游击区腹地，实行更加阴险毒辣的手段进行"清剿"：改"进剿"为"驻剿"。排兵布阵，分兵驻守山隘，扼守要道；白天进山搜查，晚上驻守村寨，不留回旋余地，不让接触群众；对游击区实行"梳篦式""清剿"。

为粉碎国民党蒋军新的"清剿"，巩固赣粤边游击根据地，加强指导党的工作，赣粤边特委于9月在信丰油山潭塘坑滴水垄召开干部会议，并作出《九月决议》。决议明确提出游击战争总任务

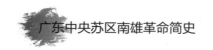

以及游击斗争的政策和策略，强调党既要正确执行阶级路线，又要积极争取做国民党军的工作；要求红军游击队"应向周围白区进行游击的活动"，放手搞"两面政权"，开辟新的游击区；要正确执行"肃反"政策，反对悲观失望和逃跑，巩固自己的阵地，坚持与敌人斗争到底。

1936年9月后，根据《九月决议》精神，赣粤边各县、区党组织对做好群众工作和白区工作，制定"争取、分化、瓦解、打击"相结合的对敌斗争政策和策略，积极争取国民党乡、保组织的人员为我服务，允许建立"两面政权"。

趁撤换乡保长之机，各地党组织让一些没有暴露的地下党员、革命群众或开明人士去当保甲长，灵活建立"白皮红心"的两面政权。对山外的联保长，游击队进行突然"访问"，宣传政策，晓以利害。对那些民愤极大、死不改悔的，则予以镇压，杀一儆百。对较老实的联保长，则与之谈判，约法三章：不准危害游击队及其家属，不准摧残群众；受命令带路搜山可照办，但必须事先报信；要代游击队购买粮食、药品等物资。

通过一系列措施，一大批保甲长完全听命于游击队，成为挂国民党牌子、为共产党办事的两面人物。在赤白交界区，红军游击队和国民党安排的区长、保长加强统一战线，建立"黄色村庄"。

《九月决议》各项决策的积极落实，赣粤边各地党组织和游击队有效化解国民党第四十六师制定隔离、瓦解和堡垒政策，再加上第四十六师与国民党粤军相比，更加地形不熟、人员生疏。历经几个月，新的"清剿"进攻一直毫无实质性效果。

1936年11月底，第一次"清剿"开局不利，进攻几个月毫无成效，国民党军第四十六师向赣粤边游击区继续发动大规模"清剿"。

12月10日开始，在保安团和"铲共义勇队"的配合下，国民党军第四十六师各部按照分区"清剿"部署，分区胁迫着当地群众集中进山进行"清剿"。在庾雄（大庾、南雄）"清剿"区，国民党军实行"梳篦式"大抄山，随处放火焚烧密林丛草，企图将红军游击队驱赶出来，找到目标，予以消灭。

红军游击队一部分实行分散转向敌军后方，一部分则继续留在山区与敌周旋。这段时间，陈毅经常巡视梅岭地区党的组织建设和赣粤边特委白区工作，并负责在梅岭领导南雄县委工作。国民党军对庾雄（大庾、南雄）"清剿"区实行"梳篦式"大抄山，特委和南雄县委机关及直属队受到冲击被打散。

12月正是时值梅岭寒冬，国民党军在梅岭频频"抄剿"，陈毅所部小分队被困在搜山之敌的重重包围之中，左躲右藏，一连20多天无法脱离险境。国民党军"抄剿"梅岭来势凶猛，久不见退。隐蔽在梅岭斋坑陡峭山崖的一个山洞时，陈毅伤痛再次复发，苦虑不得脱身，心想这次可能将九死一生，难以脱离险境。陈毅回顾革命历程，不禁感慨万千，伏在洞口前的丛莽间，挥笔写下《梅岭三章》。

1937年1月，"西安事变"和平解决，但蒋介石一面与中共中央开始进行和平谈判，一面却背信弃义，实行"北和南剿"政策，密令国民党军加紧"清剿"南方各省红军游击队。

1月中旬，在保安团和"铲共义勇队"的协同下，国民党军第四十六师向将赣粤边游击区发动第二次大规模"清剿"。"清剿"进攻依旧划分为信康赣、信康庚、庚雄和信龙定全4个重点"清剿"区。

经过多次反"清剿"，红军游击队部署周密，应对自如。依照项英、陈毅的指示和赣粤边特委、军分区的部署，信康地区两支游击队秘密转移至北山地区开展游击，北山游击队则出山游击南雄县城周边。北山游击队在多处袭击南雄保安团，缴获枪支百余支，手榴弹70余枚，歼敌一个班，俘虏敌兵20余人。

1月下旬，根据赣粤边特委、军分区指示，在信丰、南雄边界活动的信南、南雄、南山、东坑、崇仙五支游击队正式合编为三南游击支队，由曹耀铨、刘震英分别担任支队长、政委。

2月上旬，为牵制国民党军对游击区疯狂的"清剿"进攻，扩大游击区外围游击斗争，赣粤边特委、军分区作出"牵牛出山"的部署。元旦过后，曹耀铨、刘震英率领三南游击支队进军南雄水口圩，顺利端掉保安中队。紧接着，三南游击支队又先后在南雄南亩、马迳前、黄坑等地打土豪。三南游击支队的袭扰，令进山"清剿"进攻的国民党军、保安团惶恐不安，不得不抽兵固防。三南游击支队顺利完成"牵牛出山"任务。

春节过后，因为头年歉收，粤北、赣南出现春荒。项英、陈毅根据春荒情况，指示赣粤边特委发动农民开展闹春荒斗争。周边群众纷纷组织向乡、保请愿，要求接济，但被拒绝。群众愤而哄抢谷仓，集体强制地主借粮。国民党军不得不撤出"清剿"，第二次大规模"清剿"也不得不草草收场。

5月上旬起，国民党军第四十六师发动第三次大规模"清剿"，计划40天内消灭红军游击队。江西省第四行政区保安司令部将赣粤边游击区划分为信（丰）（南）康、信（丰）南（雄）、（南）康赣（县）3个"绥靖"区。

游击队从一个国民党保长那里得知了国民党军的这个计划，立即制定了对策：通知各县委和各游击队，化整为零，由集中到分散；领导同志尽量散开，用打圈子的办法与敌人周旋。各游击队准备好40天的粮食，全部转移到"绥靖"区的边沿山腰，随时准备行动。命令三南游击队的外线出击，挺进到全南、龙南、定南和安远边界，吸引敌人；北山游击队向大庾、南雄边界积极行动，以分散敌人力量。

国民党军对信南游击区的"清剿"最为猛烈。第四十六师一个营在江西省保安第十二团3个大队及地方武装1000多人配合下，向信南游击区"进剿"。项英、陈毅调集三南等地游击队积极反击国民党军的"进剿"。信南游击队在队长肖国稠、政委曹水清领导下，组织游击队展开游击、伏击，进行顽强抵抗，伺机歼敌，但遭受较大损失。

国民党军对康赣游击区集中进攻了大龙地区。此时，大龙游击队转移到北山。大龙游击区的党组织在当地群众的支持与掩护下，分散隐蔽，敌人一无所获。

敌人这次分区"清剿"没有到油山和北区，这两地的游击队

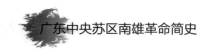

抓紧时机，打土匪，筹经费，毙民团，硕果累累。北山游击队还趁机扩大了游击区。

国民党四十六师在发动军事进攻时，也利用叛徒进行破坏，制造了"梅岭事件"。1937年5月1日，陈海奉命在特委驻地汇报和参加兵运工作会议后，独自下山回城被捕而叛变投敌。国民党军为抓住机会捕"大鱼"，一边设下圈套"请神下山"，一边准备"进山捣窝"。

收到陈海"密信"，陈毅喜出望外，决定亲自前往接头联系。到达大庾县城后，化装成教书先生的陈毅与黄赞龙，机警地发现大庾县城戒备森严，接头联络附近情况有异，黄赞龙凭借路道熟悉，带着陈毅穿街过巷，避开路卡巡查，顺利出城返回梅岭。

国民党军在县城撒网捕"大鱼"未成。叛徒陈海便带领国民党军300多人急速进山，把赣粤边特委驻地——梅岭斋坑包围。项英警卫员曾忠山正值岗哨，发现国民党军从后山包抄驻地，随即鸣枪报警。国民党军四处搜查未有所获。陈毅撤离大庾县城，当晚与项英等会合后，项英、陈毅立即组织转移到南雄北山。

国民党军利用叛徒精心策划"请神下山"、"进山捣窝"、捕"大鱼"的阴谋破产。此即"梅岭事件"。

经过六个月的苦战，赣粤边特委领导游击队粉碎了国民党第四十六师的"清剿"，保留了革命力量。

在南方三年游击战争期间，项英、陈毅直接领导了以油山为中心的粤赣边根据地的斗争，油山地区成为南方八省十多个游击区的重要区域。

第三章
全民族抗日战争时期

第一节　赣粤边红军游击队的改编

一、赣粤边的谈判斗争

在获悉卢沟桥事变的消息后，项英、陈毅立即召开会议，分析形势，研究对策。1937 年 8 月 8 日，中共赣粤边特委和赣粤边红军游击队发布《赣粤边共产党游击队联合宣言》，阐述特委和红军游击队的政治态度；提出反对对日妥协，坚持团结抗日的主张；表示遵照中共中央的指示精神，与国民党通力合作，共同抗日；要求国民党军队和地方武装立即停止"进剿"游击区，准许抗日自由，最低限度安定民生。

8 月 13 日，日军在上海发动"八一三事变"。8 月 15 日，中共赣粤边特委发表《告赣南民众书》，号召广大民众团结起来，一致抗日，同时重申"反对内战""反对国民党进剿游击区""国共两党重新合作，打倒日本帝国主义"等政治主张。

特委指示各地党组织及红军游击队停止游击战争，转为在根据地内外广泛开展抗日救亡宣传工作。同时，特委将《宣言》和《告民众书》分别寄给国民党南雄、大庾、信丰、南康等县政府和国民党驻军第四十六师以及当地社会开明绅士，呼吁团结合作，共同抗日。

中共雄庾中心县委也编写了《党员教育课本》，派出武装宣传队，以"江西抗日义勇军"名义，深入游击区内外村庄、交通要道、圩镇，广泛开展抗日救亡的宣传活动。

8月20日，赣粤边特委致函国民党江西省政府主席熊式辉、第四行政区督察专员公署专员兼保安司令王有兰和国民党军第四十六师师长戴嗣夏，以及南雄、大庾、南康、信丰等县县长，要求协商合作抗日事宜。

9月6日，为早日实现国共两党合作抗日，陈毅亲自与国民党大庾县长彭育英的秘书鲁炯雯在南雄钟鼓岩会晤。9月8日，陈毅作为中共赣粤边特委和红军游击队的全权代表，前往大庾池江与国民党大庾县政府代表鲁炯雯举行初步谈判。双方经过协商，初步达成七项合作条件。

9月12日，在彭育英陪同下，陈毅抵达赣州，与江西省政府代表、江西省抗日义勇军编练处副主任熊滨、第四行政区督察专员兼保安司令马葆珩举行第一轮谈判。经过陈毅有理、有利、有节的斗争和反复协商，双方达成"停止军事行动，一致抗日""红军游击队改编为江西抗日义勇军""国民党军及保安团从游击区全部撤出"等九项协议。

谈判结束后，项英、陈毅以中共中央分局名义发表《告南方游击队公开信》，传达党中央关于游击队改称抗日救国武装的决定，通知各游击队按时集中，听候改编。

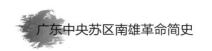
9月24日，项英、陈毅前往南昌。随后，项英在南昌与国民党江西省政府谈判，就南方其他地区国共合作抗日、红军游击队改编为抗日武装和赣州和谈的遗留问题达成协议。之后，项英即以中央分局的名义发表《告南方游击队公开信》，要求各游击队立即集中，改编为抗日武装。

二、红军游击队下山改编

1937年9月12日，池江谈判后，南雄县委将北山和油山游击队集中在珠玑乡中洞村，编组成游击大队开始整训。北山游击队为第一中队，油山游击队为第二中队，全大队集中时共120多人。

9月24日，项英完成南昌谈判返回赣粤边，随即召开会议，向赣粤边游击队负责人传达中央指示，研究有关改编问题。会议决定，由陈毅以中共中央分局代表的身份去湘赣边，陈丕显去汀瑞边，罗绍曾去湘南，杨尚奎去兴国，刘建华去寻乌等地区，传达中共中央有关国共合作指示，联络各地游击队准备进行改编。

9月下旬，陈毅以中共中央分局代表的身份到达信丰县第三区署（小江），与区长郭相唐会谈，并与中共信南县委取得联系，向信南县委书记罗世珍传达国共合作谈判结果及有关事宜。10月初，陈毅返回油山根据地，亲自组织游击队的整训工作。

10月上旬，赣州谈判达成协议后，油山、北山、信康赣的红军游击队首先下山，开往大庚县池江杨柳坑，进驻板棚下等地集中整训。同时，赣粤边特委在大庚池江设立江西抗日义勇军池江办事处（对内为中共赣粤边特委办事处），杨尚奎兼办事处主任，陈丕显主持日常工作。赣粤边红军游击队司令部迁至池江弓里办公。

10月下旬，三南游击队100多人到达大庚池江板棚下整编，被编入江西抗日义勇军第一支队第三中队。三南游击支队（包括南雄的南山游击队）于12月由罗世珍、张日清带领到达大庚县池江，进驻杨村进行集中整训。

在红军游击队集中整训的同时，蒋介石于9月28日公开发布新四军的番号，任命叶挺为国民革命军陆军新编第四军（简称新四军）军长。10月12日，国民党江西省主席熊式辉转发蒋介石10月6日电令：鄂豫皖边、湘鄂赣边、赣粤边、浙闽边和闽西等红军游击队，统交国民革命军陆军新编第四军军长叶挺编遣调用。

11月5日，为寻找三南游击支队，项英、陈毅委派陈丕显（化名陈春芬）以江西抗日义勇军第一支队代表身份与乌迳区委书记肖星鹏等，与国民党南雄县长曾绳点谈判，达成停止"剿共"和制止破坏国共合作的协议。

陈丕显及贺敏学偕同南雄乌迳区委书记肖星鹏、交通员游高连一行4人，到达全南的社迳、陂头寻找红军三南游击支队，几经波折，才在全南县陂头乡杨梅石与三南游击支队取得联系。随后，红军三南游击支队全体指战员到达指定地点集中整训。

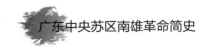

1938 年 1 月下旬，赣粤边、湘鄂赣边、湘粤赣边、湘赣边、皖赣边 5 个地区的游击队合编为新四军第一支队，由陈毅任司令员，傅秋涛任副司令员，刘然任政委，胡忠毅任参谋长，下辖第一、第二团。

赣粤边地区的红军游击队组成的江西抗日义勇军 700 多人，正式编入"国民革命军新编第四军第一支队第二团"。江西抗日义勇军第一支队（即赣粤边游击队）改编为新四军第一支队第二团第二营。原南雄的北山游击队、油山游击队和南山游击队分别被编入新四军第一支队第二团第二营的第四、第五、第六连。原北山游击队为该营第四连，连长温峰山，指导员张日清；油山游击队为第五连，连长吴积德，指导员罗炳；三南游击队为第六连，连长刘金燕。

1938 年 2 月 15 日，新四军第一支队第二团在陈毅率领下，奉命从大庾池江出发，开赴皖南抗日前线，辗转在大江南北打击日军，成为抗日前线一支重要的武装力量，为挽救国家和民族危亡英勇战斗。

第二节 南雄党组织的重建与发展

抗战初期，南雄县党的组织存在着两个系统：一个是中共雄庾中心县委，隶属中共赣粤边特委领导；另一个是中共南雄六中支部，后发展为中共南雄县中心支部，直属中共广州市外县工委领导。

1937年9月，南雄县党组织从中共雄庾中心县委中分出，重建中共南雄县委，仍隶属中共赣南特委，由袁达郊、吴伯坚、郭金煊、罗明德组成。袁达郊任县委书记，吴伯坚任宣传委员，郭金煊任青年委员，罗明德任妇女委员。中共南雄县委重建后，县委驻地由山区迁至平原，下辖古坑区委和北山地区、乌迳地区党组织。

另一个系统是中共南雄县中心支部，邓勋芳任中心支部书记，李偕贤、董永雅、童万里（董法程）等为中心支部委员，直属中共广州市外县工委领导。1937年8月，中共广东省委派巡视员张尚琼到南雄，传达省委决定，准备将南雄县中心支部移交给即将重建的中共南雄县委。

南雄县中心支部移交给中共南雄县委后，南雄县两个系统的党组织合并更有利于党的集中统一领导，有利于在全县范围内部

署开展抗日救亡工作。

1938年8月，遵照中共中央和中共中央长江局指示精神，中共南雄县委要求各地和各条战线上的党员，无论在城市或农村，无论开展统战工作或开展武装工作，都要认真做好党的组织建设工作，按照党员条件，成熟一个发展一个。各级党组织深入基层，在广大农村、城镇、学校、抗日团体以及地方自卫武装中物色培养可靠的人加入中国共产党。

从1938年下半年至1939年春，在城市及学校中先后吸收刘友聪、李贤光等一批先进知识分子入党；在农村，发展黄新、赖香通等加入党组织。全县党员约有200名。同时，在发展党员的基础上，增建一批新的党支部。

1939年春，中共广东省委书记张文彬与古大存来到南雄，在长平乡赤溪湖一小庙楼上召开会议。刘建华、罗世珍、袁达郊、吴伯坚、邱萃藻（即麦蒲费，又名马超）、董天锡、徐道昌、李宏华、罗垂明等十多人参加会议。会议传达党的六届六中全会精神，组织学习毛泽东的《论持久战》。会议宣布省委决定，将赣南特委领导下的南雄县委划归广东省委直接领导，成立中共南雄中心县委。原县委书记袁达郊调走，罗世珍任中心县委书记，吴伯坚、邱萃藻、徐青（徐季平、蓝田）、徐道昌、夏冰（陈洁冰）等为中心县委委员，吴伯坚为宣传委员，邱萃藻为组织委员。中共南雄中心县委驻地继续设在古坑村，下辖古坑、湖口、乌迳、珠玑、北山及城区六个区委。

1939年4月，赣南特委改属广东省委领导。不久，中共南雄中心县委也由广东省委直接领导划归北江特委领导。

此后不久，中心县委成员有所调整变动。1939 年 10 月，吴伯坚调离南雄，徐道昌接任中心县委宣传委员，至当年 12 月被转派开展银行金融工作，夏冰接任中心县委宣传委员兼妇女委员；1939 年 12 月，邱萃藻重病在身，徐青接任中心县委组织委员。

1939 年间，南雄各地党组织遵照上级的指示，继续积极慎重地发展党员。1939 年冬，南雄中心县委在长平乡新迳村樟树下举办为期半个月的党员训练班，各区委的区委委员、支部书记和支委共 30 余人参加学习培训。至 1940 年初，全县党员人数达到 300 多名，党支部、党小组达 40 多个。这是抗战时期南雄党组织发展的全盛时期。

第三节　南雄抗日救亡运动的蓬勃发展

一、抗日团体的建立

1937 年 6 月，受党组织的派遣，中共广州外县工委负责人邱萃藻与张尚琼回到家乡南雄开展抗日救亡运动。邱萃藻首先在县城的学生中组织秘密的"读书会"，参加读书会的有徐道昌、李宏华、李偕贤、李方正、邱峻平、温桂麟、李宏文等七位进步青年。"读书会"的组织活动，主要是让这批青年阅读有关抗日救亡书刊和进步书籍，进行民族觉悟和政治觉悟的启发和抗日救亡运动的组织宣传。

七七事变以后，在广州读书的地下党员邓勋芳等回到南雄中学就读，按照党的指示，将南雄中学原来的"读书会"加以扩大，吸收大批青年学生、教师和社会人士参加，成为一个公开的"读书会"。参加"读书会"的除原有的徐道昌等七人外，又增加邓勋芳、曾文玉、曾昭苏、张功振、江学勤、张功佩、徐淑诚、李贤光、刘友聪、李树华、吴述濂、胡辉瑞、罗垂明、李宏义、郭显亲、欧阳汝森等进步青年。同时，彭兰春、吴书芳、邓德汉等社会进步人士也参加"读书会"。

在"读书会"基础上，南雄地下党组织秘密组织成立"中华民族解放先锋队"（简称"民先"），徐道昌、李宏华、李偕贤、李方正、邱峻平、温桂麟、李宏文等进步青年首先加入该组织。

1937年8月，为适应形势的需要，邱萃藻由广州来到南雄，向南雄地下党组织传达上级指示，决定将"中华民族解放先锋队"的秘密组织改为公开的"青年抗日同志会"，以更好地团结广大青年参加抗日救亡运动。

"读书会"通过组织学习《大众哲学》《救亡日报》《战时文艺》《西行漫记》等书报，会员的政治认识得到提高，并在爱国主义精神激励下，进一步团结起来参加抗日救亡活动。

在"读书会"基础上，许多青年学生和中小学教师纷纷参加"青年抗日同志会"。随后，南雄中学、英明中学、萃雄小学以及珠玑、乌迳等地的小学，分别成立"青年抗日同志会"，积极开展抗日宣传活动。

1937年10月，社会人士也组织起"南雄抗日救亡工作团"，由彭兰春负责，邓勋芳任副职，并以该团名义在城乡积极组织抗日救亡工作。

1937年冬，为更加有效地配合救亡运动的开展，南雄地下党组织以"南雄抗日救亡工作团"名义发动群众筹资，在县城开办一间"抗战书店"，并指派地下党员陆国润负责书店经营运作。

"抗战书店"主要出售宣传抗日救亡和思想进步的书刊，例如《大众哲学》《科学社会主义》《通俗政治经济学》《新华日报》《救

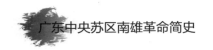

亡日报》《群众》《新华南》《西行漫记》《战时文艺》等等，深受广大社会读者的欢迎。

"南雄抗日救亡工作团"的组织成立和"抗战书店"的开办，对推进南雄抗日救亡宣传工作发挥极大作用。

1938年1月，随着日军不断南侵，抗日形势发生新的变化。为更好地发挥广大青年在抗日救亡中的先锋作用，广东党组织推进"广东青年抗日先锋队"（简称"抗先"）的组织成立。

同年10月，中共南雄县委根据上级党组织的指示，将"南雄青年抗日同志会"改为"南雄青年抗日先锋队"。之后不久，"广东抗先队"副总队长陈恩亲临指导，正式成立"广东青年抗日先锋队南雄县队"（简称"南雄抗先队"），队长董天锡，副队长张震，组织部长徐道昌，宣传部长邱应扬，秘书叶永清。队部设在南雄城上武庙。

南雄抗先队成立后，乌迳、珠玑、全安、瑶坑、湖口等地成立抗先分队，全县许多中小学校先后相继成立抗先中队。不到半年时间，全县"抗先队"就发展到500多人。

同时，在中共南雄县委宣传部长吴伯坚的组织领导下，"南雄中小学生联合会"于1938年3月15日成立，邓勋芳任常务理事。"南雄妇女会"等抗日团体也相继成立，纷纷投入抗日救亡运动。

二、开展抗日救亡宣传活动

在中共南雄县委的组织领导、积极推动下，各抗日团体都以最高的热情，组织宣传队伍，从城市到乡村，积极开展抗日宣传活动，全县出现抗日救亡的大好形势。

南雄抗先队成立后，积极组织开展广泛的抗日宣传活动。通过广泛动员，南雄各方面人士纷纷参加抗日救亡工作，做到有钱的出钱，有力的出力。

南雄县委将"抗先队"分成几个组，深入到城市、乡村进行抗日宣传活动。演出街头戏，如《放下你的鞭子》《兄妹开荒》等；大唱抗日救亡歌曲，如《义勇军进行曲》《在松花江上》《大刀进行曲》《在太行山上》《毕业歌》《大路歌》《祖国颂》《抗大校歌》等。

"抗先队"经常深入到珠玑、湖口、黄坑、乌迳等地圩镇，以及全安、瑶坑、叟里元、矿岭、聪背、古市、修仁等一些较大的村庄，进行宣传演出。"抗先队"每到一处，张贴抗日标语，开展群众演讲，揭露日本侵略军制造"南京大屠杀"、实行"三光政策"（杀光、抢光、烧光）等侵略暴行，号召群众参加抗日救亡行列，动员青年参加抗日队伍，共同打击日本侵略者。

在南雄县城的抗日宣传更加热烈。"抗先队"利用每天农民到城里做买卖、中午人多的机会，组织文艺演出集会，集中向群众进行抗日宣传，揭露日本帝国主义侵略中国的罪行。通过揭露日

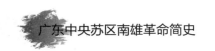

军惨无人道的暴行，广大南雄人民进一步增强对全民抗战的认识，不当亡国奴的意识和支持拥护抗战的决心得到不断加强。

三、加强青年工作与妇女工作

南雄各抗日团体利用"读书会""青年抗日同志会"，通过组织大唱救亡歌曲，大办抗日墙报，时事座谈会，认真阅读党的刊物和进步报刊，积极向广大青年宣传党的抗日救亡方针政策。

许多青年通过学习，认识到只有坚决抗战，中国才不会灭亡，只有抗战到底才有自己的光明前途。同时，通过学习宣传，广大青年进一步认识到谁是全心抗日，谁是消极抗日，中国共产党的抗日主张得到广泛认识和拥护。广大青年更加坚决地站在共产党的立场上，自觉地投身抗日救亡斗争。

经过党组织的教育，不少青年要求加入中国共产党；也有一些青年学生要求到延安参加革命。1938年，张向明、李晋昭、曾华、曾文钰、张功佩、江学勤、徐淑诚、吴书芳、何德廉等十多位南雄进步青年，经过南雄党组织介绍，奔赴延安参加革命。

赣南特委和南雄县委非常重视妇女工作，在各级组织中设立妇女运动机构，配备专职妇女干部，开展妇运工作。

1938年3月8日，南雄地下党组织在县城组织大规模的纪念"三八"国际妇女节的集会，宣传"三八"妇女节的历史意义和现实意义，动员广大妇女参加抗日救亡活动，争取妇女解放。数百名妇女踊跃参加纪念大会。

在广大农村，青年妇女也组织起来成立"妇女会"，湖口、珠玑、瑶坑等一些较大的村庄先后都开办妇女识字班。地下党员梁维平在瑶坑组织"妇女会"，积极开展抗日救亡工作。这个"妇女会"直到解放战争时期仍在起作用。地下党员余萍在湖口组织杨凤娇、水石妹等30多名青年妇女举办妇女识字班。

广东省银行乡村服务团的地下共产党员李曼君（李平）、张趣蓉、王少英、马荣邦（铁锋）等人，利用合法身份，深入农村开展抗日救亡工作，组织开办妇女识字班。

从抗战开始至1939年，在县委领导下，南雄县城和广大乡村的抗日救亡运动有声有色，轰轰烈烈。经过宣传教育，南雄广大人民群众爱国主义热情被充分激发，对日本帝国主义的侵略行径义愤填膺，纷纷投入抗日救亡运动。

第四节　贯彻党的抗日民族统一战线政策

一、开展对国民党开明人士的统战工作

为推动抗日救亡运动的发展，中共南雄县委积极贯彻"消除成见，减少摩擦，改善两党关系，加强团结"统战工作方针，大力宣传政策，广交朋友，广泛合作，党的抗日民族统一战线得到巩固加强。

莫雄，是国民党中的一位进步民主人士，是中共的重点团结对象。

1938年2月底，莫雄被任命为"广东第二十三区游击司令部"司令，后于同年8月兼任南雄县长。莫雄到任后，中共广东省委即派八路军驻韶关办事处主任云广英与其联系，要求落实国共合作谈判协议，释放关押在南雄监狱的大批政治犯。经过莫雄的努力，600多名政治犯和24名被判刑的共产党员全部被释放。

在莫雄的支持下，袁达郊、刘建华、肖星鹏等一部分留在南雄的党员干部，以"抗日救亡工作团"的名义，公开在湖口、珠

玑、乌迳、黄坑、大塘、水口等地广大农村，组织开展抗日救亡活动。在莫雄的邀请安排下，云广英于1939年初担任广东第二十三区游击司令部参谋主任（参谋长）。1939年春，经南雄地下党组织争取，莫雄批准将罗田自卫队编为"南雄县壮丁常备队第三中队"（简称壮常第三中队），仍由地下党员刘邦华任中队长，下辖三个分队，分队长和大部分班长都由共产党员担任。

雷颂常，国民党南雄县党部书记长，赞同共产党的抗日主张，并以实际行动参加抗日救亡工作。

1938年3月下旬，雷颂常以国民党南雄县党部名义，出面邀请县城各机关团体，成立"南雄县抗敌后援会"。南雄县委通过地下党组织安排李宏华代表"妇女会"、邓勋芳代表"学联会"、李偕贤代表"抗先队"参加"抗敌后援会"。

中共南雄地下党组织与雷颂常紧密合作，发动各机关团体，以各种形式，在城乡进行抗日宣传。是年5月，南雄地下党组织以抗敌后援会的名义，组织300多人参加反对南雄县长张企留和卫生院长闫湛铨贪污的示威游行，遭到当地国民党顽固派的镇压，雷颂常因被其上级指控"支持异党闹事"而被撤销县党部书记长职务。

此外，南雄县委及地下党组织不断向国民党的区、乡、保等基层官员宣传党的抗日民族统一战线政策，得到开明爱国人士的热情合作，大力支持和积极参加当地抗日救亡工作。

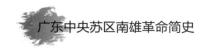

二、团结进步爱国人士

为推进全民族抗战，引领社会力量共同投入抗日救亡运动，做到有钱出钱，有力出力，同仇敌忾，共赴国难，县委的工作活动区域也由山区向平原拓展，采取各种方式，加强团结一切主张抗日的社会各界人士。

彭兰春，从广州大学毕业回来南雄工作，具有爱国思想，与本县上层知识分子有广泛联系，具有一定的社会地位。南雄地下党组织通过主动团结动员，彭兰春即响应参加"南雄青年抗日同志会"。随后由彭兰春出面，于1937年10月发起成立"南雄抗日救亡工作团"。彭兰春被推选为该团负责人，地下党员邓勋芳任副职，县委以"抗日救亡工作团"作掩护，县委书记袁达郊、组织部长刘建华等以"抗日救亡工作团"成员身份，公开深入农村开展抗日救亡工作，并得到各地基层政权的支持。

邱拔熊，一位南雄知名的民主人士、开明绅士，热心教育事业，担任英明中学董事长，同时也是中共广州外县工委负责人邱萃藻的叔父。邱拔熊思想开明，不但支持侄子为党工作，而且拥护共产党的抗日主张，积极投入抗日救亡运动。1939年，南雄中心县委书记罗世珍与宣传部长夏冰亲自上门拜访并开展统战工作，得到邱拔熊的赞同和支持。1939年冬，在邱拔熊的支持、掩护下，中共广东省委在邱家附近的围楼举办县级干部训练班。训练班时间长达4个多月之久，始终没有暴露，安全办到结束。其后，在邱拔熊的支持和掩护下，"东南工合"又在邱家先后举办两期"培黎技术训练班"，同样得到圆满结束。

杨家基，湖口乡小学校长，是当地社会进步人士。1940年夏，在南雄地下党组织的建议下，杨家基出面在湖口开办一个升中班，聘请徐青（县委组织部长）、余萍（党员）、黄日章（党员）等为教员，同时安排余萍在当地开办妇女识字班（夜校）。地下党员以职业作掩护，既可取得收入，解决生活开支，又可以开展抗日救亡宣传。

同时，在地方上通过宗亲关系，地方基层统战工作也得到加强和开展。乌迳地区的董姓族长董明兴和董芳璜、赖姓族长赖芳伯，他们在本族中具有较高的威信，在地方上也有一定的社会地位。地下党员董天锡、赖超雄等人通过宗亲关系，在乌迳地区广泛开展抗战统战工作。

通过揭露日本帝国主义的暴行，宣传党的抗日主张，以"国家兴亡，匹夫有责"启发爱国思想，当地抗日救亡运动的开展得到地方族长们的大力支持。尤其是国民党顽固派掀起反共逆流之时，地方族长们挺身而出，保护地下党组织的安全，使国民党的反共阴谋无法得逞。

三、"东南工合"推动发展

抗日战争初期，国际友人艾黎和斯诺为支援中国人民抗日，筹款创办起"中国工业合作协会"，资助各地组织工业合作社，开设简易工厂或工场，生产人民生活必需品。

1939年秋，设在赣州的"中国工业合作协会东南区办事处"（简称"东南工合"），委派邓信友到南雄筹办工业合作社。

中共南雄中心县委对"东南工合"给予积极支持，迅速成立"东南工合"南雄事务所，并由邓信友任事务所主任。不久即在县城水南建立织袜厂、织毛巾厂和制造文具工场，在南雄县城繁荣路开设"工合"产品销售门市部，出售毛巾、袜子、肥皂、火柴、信纸、学习文具等人民生活的必需品，物美价廉，很受群众欢迎。

"工合"的开展不仅解决一批逃难者的生活和党员就业难的问题，而且还为地下党组织提供一部分活动经费。

1940年夏，"东南工合"派出勇龙桂、毕平非（均为地下党员）等人到南雄联系举办技术培训班，得到中共南雄中心县委的大力支持。技术培训班办班地址选择在全安乡的廓公岭村（邱萃藻的家里）。

5月至10月，"东南工合"先后在南雄举办两期"工合"干部培黎技术训练班，为工业合作运动培养人才。

在1940年至1942年间，南雄的工业合作运动得到很好发展。至1943年，"东南工合"南雄事务所被撤销。

第五节　中共广东省委在南雄

一、省委机关迁驻瑶坑

1938年10月，广州沦陷，国民党军第四战区防线北移至粤北一带。韶关成为广东国民政府临时省会。为便于在敌后领导广大人民群众开展抗日救亡运动，中共广东省委也由广州北迁韶关。

1939年12月，日军向粤北发动进攻，第一次粤北战争爆发。中共广东省委即由韶关迁往南雄。中共南雄中心县委精心选择党组织健全、群众基础好、离县城只有十多里路的承庆乡第六保瑶坑村，作为广东省委机关的秘密驻地。

承庆乡乡长刘友聪及第六保保长刘烈任都是中共地下党员，承庆乡公所和第六保保公所已成为中共地下党组织所掌握的两面政权；同时，瑶坑村地下党支部比较健全。

在广东省委机关迁驻瑶坑村两三个月前，省委机关工作人员梁维平（平姐）提前以"逃难者"的身份进至瑶坑村。梁维平在瑶坑村熟悉情况、打好前站后，省委书记张文彬、组织部长李大林、宣传部长涂振农以平姐的"亲戚"先后来到瑶坑村。

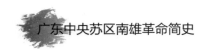

省委机关在瑶坑村安全活动好几个月，直至 1940 年春夏之间才迁往始兴红围。在这期间，在南雄地下党组织和瑶坑村群众的支持掩护下，广东省委机关未有丝毫暴露。省委机关转移后，省委在瑶坑村保留交通站，仍由梁维平负责。直到 1946 年 8 月，梁维平才由上级党组织调走。

广东省委机关进驻南雄期间，为防备国民党当局的反共清查，八路军驻韶关办事处将其电台秘密撤至南雄（后再转移至始兴、信丰等地），成为中共广东省委和 1940 年 11 月设立的粤北省委的秘密电台，也是与党中央保持联络的唯一通讯工具。之后，省委机关由南雄再转到始兴，省委电台还留在南雄一年多。

二、开办省委党训班

1939 年冬，为适应抗战形势的需要，采取集训的方式提高党员干部的政治、军事素质，中共广东省委在韶关准备开办第三期党员干部集训班。不料，日军第二次进犯粤北，党训班遂转移到南雄开办。

在中共广东省委青委书记邱萃藻的协助下，经过中共南雄中心县委的精心安排，党训班在全安乡里岗岭顺利举办。党训班培训地点，设在进步民主人士邱拔熊家附近里岗岭一座围楼里。

参加这期党训班的学员主要是在击退国民党第一次反共逆流的斗争中暴露政治身份、不便在原地继续工作的县级以上党员干部。中共广东省委主要成员张文彬、李大林、涂振农和裴济等亲自主讲形势与任务、党的建设、统战工作、群众工作等课程。此外，还有王均予主讲"政治经济学"，李殷丹主讲"战略与策略"，谢立全主讲"游击战争"等。

自 1940 年 1 月至 1940 年 5 月初止，历时四个多月的党训班顺利结束，学员们奔赴新的战斗岗位。

第六节 与反共逆流作坚决斗争

一、国民党南雄当局制造事端

1940 年初，南雄的抗日救亡运动正处高潮时，国民党南雄县当局却秉承蒋介石意旨，极力破坏抗日救亡运动，不断制造事端，进行一系列"溶共""防共""限共""反共"活动。

在此期间，为宣传抗日爱国思想，由地下党在抗战初期开设出售抗日救亡书籍和进步书刊的抗战书店，被国民党南雄县当局无端取缔，并下令逮捕书店负责人陆国润（地下党员）。

中共地下党员陈尚文奉命到黄坑圩宣传抗日，竟被国民党南雄县当局派人暗杀。事后，国民党南雄县当局反而到处散布谣言，诬蔑共产党"破坏抗日"。

国民党南雄县当局还玩弄所谓"自新"运动，利用共产党内变节分子张震的自首，在报上大登"自新声明"，诱骗共产党员"自新"，妄图以此瓦解共产党地下组织。

南雄县抗先队原是国民党南雄县政府承认的合法组织，并由县政府提供经费。1940 年春，国民党南雄县当局竟然停止其经济供给，并以"莫须有"的罪名查封南雄县抗先队总部。

1940 年初，国民党南雄县当局借整训为名，将南雄壮丁常备第三中队骗入南雄城，命令盐务局武装——盐警队将其包围，下令缴械解散。除少数人逃脱外，大部分人被国民党当局强制征兵。

二、坚决抗击反共逆流

针对南雄地方国民党顽固派制造事端、迫害共产党人和进步力量的倒行逆施行为。中共南雄中心县委采取一系列灵活策略，坚决进行反逆流斗争。

1940 年春，国民党南雄县当局派出特务秘密搜查乌迳区共产党活动，并准备对董天锡（南雄县抗先队队长，乌迳区委委员）和赖超雄（乌迳区委书记）下毒手。乌迳地下党组织得知情况后，当即联系当地知名绅士和族长出面，与国民党特务进行斗争。

自从国民党掀起反共高潮以后，国民党南雄县政府经常派出特务侦察共产党的活动，迫害进步人士，并利诱共产党员到国民党政府登记"自新"，脱离共产党。

在反共逆流中，大多数党员意志坚定，决不动摇。但也有个别意志薄弱的党员，经不起国民党反共气焰的恐吓而变节。原县抗先队副队长张震向国民党登记"自新"后，在报刊上刊登《退党启事》，称自己误入"歧途"，表示主动脱离共产党。国民党抓

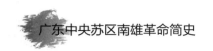

住张震"自新"一事，在报上大造舆论，大做文章诬蔑共产党。

针对这种情况，南雄中心县委立即采取措施，给张震发出一封警告信，郑重警告："你的言行就到此为止，否则后果自负！……"随即向南雄报馆提出"劝告"。

国民党南雄县当局挑起的"自新"运动被挫败，不久即偃旗息鼓。党组织未受到破坏，国民党南雄县当局恐吓利诱的阴谋终于破产。

三、调整县委加强领导

1941年1月后，南雄县国民党顽固派猖狂掀起第二次反共高潮，南雄地下党组织再次受到威胁。中共南雄中心县委及时采取防范措施，有效防止和应对突然袭击，组织力量得到保存，党的组织得到稳固。

2月初，粤北省委决定对南雄中心县委进行调整。地下斗争经验更为丰富的魏南金接任南雄中心县委书记后，为加强党组织地下斗争活动的隐蔽性，立即整顿巩固原有组织，对省委交通站及电台进行安全检查。

由于国民党特务加紧跟踪监视，南雄党组织地下活动受到极大影响。为加强应对突发事变，县委领导成员撤离古坑村，并全面停止在古坑村召开会议；进一步采取措施疏散党员，大批外地党员和本地党员先后撤离南雄，全县党员人数减少到 100 余名。

1941 年 10 月初，为加强党的组织安全，南雄中心县委将党组织的委员制改为特派员制，由魏南金任中共南雄县特派员，陈中夫任副特派员。特派员驻地设在黎口乡荆江村，组织关系改为单线联系。同时，特派员驻地转驻黎口乡瑶坑村。随后，原有六个区委撤销，县委特派员实行分片联系。

通过调整完善组织制度，党的组织得以更加严密，党员隐蔽更加有利。自转向单线联系之后，南雄党组织极少遭到破坏，安全度过危险时期。

四、"古坑事件"

1941 年 7 月，赣南特委遭到严重破坏，赣南特委书记刘建华带领赣南特委"锄奸队"的朱赞珍、李绪龙等八人，转移至南雄中心县委驻地古坑村暂时隐蔽。

但随同而来的大庾县交通员王际廷的一些异样表现，引起中心县委书记魏南金的警觉。为保障赣南特委同志的安全，待王际廷带着省委文件离开古坑后，魏南金当机立断，中心县委同志全部撤离，并将赣南有关人员立即由古坑村分散转移至湖口隐蔽。

几天后，在王际廷带领下，大庾县军警会同南雄县几十名军警趁夜包围进袭古坑村，逐家逐户进行搜查，未能抓到赣南特委

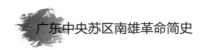
和中心县委人员。气急败坏之下，国民党军警当场捉走陈万联、陈万胜、陈万炎三名古坑村民，其中陈万联和陈万炎两人是地下党员。

被捉走的陈万联、陈万胜、陈万炎三人沉着应对，拒不交代组织活动情况。特务无计可施，将三人投入监狱关押，其后冤死狱中。

古坑事件，国民党赣南专署企图利用叛徒、一举破坏赣南特委和南雄县委等领导机关的阴谋破产。但随后又安排武装人员化装成便衣，密切监视南雄汽车站和交通要道。

南雄"古坑事件"发生后，南雄党的组织也转入更加隐蔽的地下斗争。

第七节　南雄党组织暂停组织活动

一、隐蔽埋伏等待时机

1942 年春，承庆乡乡长刘友聪撤走后，靠近县城的珠玑乡和承庆乡的两面政权都已不存在。仅在远离县城的乌迳地区，有龙溪、桥江、乌迳、江口四个乡的政权仍为地下党组织所控制。

1942 年 2 月，特派员魏南金上调中共后北特委，陈中夫接任南雄县特派员。同时，为安全起见，陈中夫由瑶坑村转移到龙溪乡水松小学教书，欧阳汝森从湖口小学转移到龙溪乡中心小学教书，以职业作为掩护。县委联系地点也随之转移设在乌迳水松。南雄地下党组织的活动中心由附城、湖口地区转移到乌迳地区。

1942 年 5 月，"粤北省委事件"发生，粤北省委遭到破坏，中共中央南方局根据广东情况，作出广东党组织暂时停止活动的决定，在停止组织活动期间，要进一步贯彻执行"隐蔽精干、长期潜伏、积蓄力量、以待时机"十六字方针，要求党员做到"三勤"（即勤业、勤学、勤交友），保持革命节操。

1942 年 11 月，中共后北特委副书记魏南金来到南雄，传达

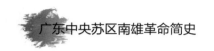

上级党委关于停止党的组织活动的决定；随即由县特派员陈中夫传达到各区党组织的负责人，再逐个传达到每个党员。南雄党组织正式停止组织活动。

到 1942 年 11 月，由南雄党组织掌握的乌迳、桥江、龙溪、江口四个乡的两面政权，只剩下龙溪、江口两个乡。

1943 年夏，国民党特务分子张君忠、叶济德在乌迳地区进行破坏，有意挑起多宗姓氏纠纷，械斗时有发生。国民党南雄县政府以"办事不力，滋生事端，致使地方不宁及不称职等"为由，免去董书缨、陈朝斌的乡长职务。在这种情况下，陈中夫、罗平山等离开南雄，转移他处工作。

在乌迳地区隐蔽的共产党员董天锡、邱峻平、赖超雄等，加强团结族长和乡绅等实力派人物，形成地方力量。经董天锡、邱峻平、赖超雄倡议，族长和乡绅纷纷响应，在比较偏僻的禾稿塘村，自筹资金开办青年文化补习班。

1943 年下半年，国民党地方当局清查"异党"活动有所缓和。地下党员李康寿通过关系，进入城郊的植桢中学任教，先任教务组长，后任教导主任。地下党员刘友聪回到南雄，通过朋友、同学等关系，再次当上承庆乡乡长。

9 月，刘友聪联络地方绅士，向县教育科推荐地下党员郭显亲担任承庆乡中心小学校长。随后，郭显亲又到国民党县党部和县三青团任职。地下党员吴述濂也通过各种关系，打入国民党县党部任总务干事。从此，进入国民党南雄县政府机关任职的地下党员逐渐增加。

二、创办珠中，建立阵地

1944 年夏，在外地隐蔽的一批南雄籍地下党员，以及进步学生李贤光、邓事新、徐道昌、朱德美、邓事型、钟行惠等陆续回到家乡。同时，徐梓才、卢以谦、骆毓桱、何星栋等一批外地的知识分子也来到南雄，其中有些是转移的地下党员。

为满足当地一批青年要求升学的愿望，在南雄地下党组织的安排下，集合回乡党员和外地转移知识分子（党员），首先在珠玑乡小学开办暑期升中班，得到当地群众好评。

同年夏、秋之交时，珠玑乡召开乡民代表大会。徐道昌、李贤光等党员知识分子，通过当地知名绅士邓述炽，向乡民大会提出乡民筹集经费、创办珠玑中学的动议。创办珠玑中学，有利加强地方文化教育，动议得到乡民大会顺利通过。随即，筹办珠玑中学董事会组织成立，邓述炽被推荐为董事长，徐道昌、钟行惠、邓事型等为董事。董事会一面组织开展筹款，租赁教舍，准备教学设备；一面呈请县教育科和省教育厅审批备案。

同年 9 月，创办珠玑中学得到省教厅批复同意。经过有序筹办，开学工作准备就绪，珠玑中学正式进行招生开学。邓事型担任校长，欧阳汝森、张功尚、徐梓才、骆毓桱、卢以谦、何星栋等一批地下党员和进步人士在珠玑中学分别担任教员或职员。从此，珠玑中学就成为南雄地下党组织和进步人士的活动基地。

1945 年 2 月，南雄党组织恢复活动后，珠玑中学成为南雄党组织的重要活动据点。

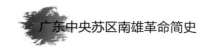
三、组建抗日十二中队

1944年秋，日军企图打通粤汉铁路，正准备向粤北发动进攻。为抗击日军，国民党政府指示要求各县成立民众抗日自卫队。

陈中夫要求南雄党组织利用这个机遇，联络一些共产党员和进步人士，通过合法手段派遣地下党员组织和掌握一部分抗日武装，以便配合党组织恢复活动，尤其通过掌握地方武装，以利开展斗争活动。

李贤光、刘友聪等地下党员一致决定竭尽全力争取掌握民众抗日武装。珠玑乡地下党员徐道昌、李贤光、吴述濂等人经过具体商议，首先派人说服乡长何腾赢，同意由吴述濂出任珠玑乡民众抗日自卫队中队长，同时由懂得军事的进步人士李春仁为中队副队长。

1945年1月，珠玑乡民众抗日自卫中队正式成立，乡公所任命吴述濂为中队长，李春仁为中队副队长，下设三个分队，共有80多人枪，之后不久发展到120多人枪，驻扎在珠玑乡的下洞村。珠玑乡民众抗日自卫中队成为一支由地下党组织掌握的抗日武装队伍。

1945年2月，南雄党组织恢复活动后，特派员陈中夫（化名王文祥）就以出任该中队参谋作为掩护，领导全县地下党开展活动。4月，该队改编为南雄县抗日后备队第十二中队（简称抗日十二中队）。

　　与此同时，地下党员刘友聪以乡长名义，将原乡公所的自卫班十多人扩建至 20 多人，改为承庆乡抗日自卫队，自任队长。在乌迳地区，共产党员董天锡、赖超雄、董书缨和进步人士陈朝斌、赖国南、赖日新等人，经过积极活动和努力争取，赖超雄担任南雄县抗日后备队第十四中队中队长，董书缨担任龙溪乡民众抗日自卫中队中队长。

　　在 1945 年 2 月下旬南雄县党组织恢复活动以前，地下党组织控制有四个中队的抗日武装，总人数达 300 多人。

第八节　南雄党组织恢复活动

一、南雄党组织的恢复

1945 年 2 月下旬，中共南雄县特派员陈中夫带着陈仲舒回到南雄，在瑶坑村向省委机关驻瑶坑的留守人员梁维平传达了上级关于回复南雄党组织活动的决定。经过深入了解情况，陈中夫代表党组织恢复了梁维平、刘友聪、刘烈璈、刘烈任、刘烈球等人的组织关系，并重建瑶坑党支部。

随后，陈中夫又到篛过村恢复了欧阳汝森的组织关系。欧阳汝森带着陈中夫到湖口、乌迳、珠玑等地联系分散的党员，了解他们在停止组织活动期间的表现。绝大部分党员的组织关系很快就得到了恢复，当时全县有党员约 100 名。到 3 月初，南雄各级党的组织活动就完全恢复了，转入正常的工作。

县级党组织仍采用特派员制，分级管理，单线联系。董天锡负责联系乌迳地区的党员；欧阳汝森负责联系珠玑中学、黄坑、大塘等地的党员并指导这些地方工作；郭显亲负责联系湖口、城镇和附城的党员；李贤光负责联系珠玑、北山等地的党员；胡辉瑞被派到珠玑乡民众抗日自卫队任指导员，负责党的工作。县特派员陈中夫则以珠玑乡民众抗日自卫队参谋作掩护，住在珠玑乡下洞村，领导全县各地党组织开展抗日活动。

二、青年训练班的举办

在日军的铁蹄之下，南雄广大人民遭到"三光"政策的残害，都具有强烈的反抗愿望，但因群龙无首，只有忍气吞声。

1945年春，南雄党组织恢复活动后，县特派员陈中夫根据上述情况，决定动员共产党员首先站出来，组织民众，稳定民心，抗击日军的侵略行为。在组织民众工作过程中，先把广大青年发动起来，加以各种训练，提高政治思想觉悟。

为此，4月间，陈中夫在珠玑乡下洞村开办青年训练班。参加训练人员主要是由全县各地的党组织选派的党员和进步青年。这些人员中，包括李宏义、麦秀琼、刘烈馨、张建勋、罗重誉、陈仲舒、郭凌敏、梁慧、刘烈佑、刘光理、刘烈琅等人。陈中夫担任班主任，教员有李宏华、欧阳汝森等。学习内容是：政治形势，组织群众、武装群众，开展敌后游击战争和学习毛泽东的有关著作。

通过训练学习，学员觉悟得到提高，坚定抗日必胜信心。在学习期间也发展了一批党员。为期一个月的训练班结束后，学员被派到全县各地去组织群众、武装群众，展开抗日游击战争。

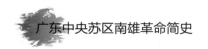
三、武装抗日保家卫国

1945年2月3日下午6时，在日军三面进犯夹击下，南雄县城的守军未经过多抵抗而撤退江头，县政府也撤至宝江乡长潭尾村（3月迁至龙口圩），并在百顺成立办事处。

国民党守军和驻南雄的军政单位以及国民党南雄县政府纷纷撤退，南雄百姓惊慌失措，纷纷逃难。而时值寒冬腊月，一时间，县城内外，乡村山野，哀鸿遍地，啼哭声、叫喊声震天动地。

日军占领南雄城后，搜掠全城，"扫荡"郊区，到处烧杀劫掠，奸淫妇女，无恶不作，甚至机枪扫射逃难人群。雄城内外，街口路旁，到处尸体横陈。

在南雄党组织领导下，全县各地的抗日武装带领群众，打击日军，保卫家乡。

6月上旬，日军第一三一师团一部由南雄、始兴，向江西信丰、全南北部和龙南南部推进"扫荡"。

为抗击日军"扫荡"，在党组织领导下，南雄抗日十二中队等抗日武装加强对敌的袭扰和打击。6月，抗日十二中队连续派出精干小分队突进县城附近，乘夜幕降临，向驻守在宾阳门一带的日军袭击。一个排的日军企图进扰矿岭村抢劫群众财物，抗日十二中队埋伏途中进行阻击，日军被迫中途撤退，矿岭村群众免遭日军的侵扰。6月下旬，抗日十二中队在均平圩展开袭扰。7月，抗日十二中队配合国民党军队一个营，向驻扎在南雄县城北门的日军进行攻击。

在此期间，抗日十二中队经常派出战士到全安、珠玑、承庆等乡村，宣传群众、组织群众、鼓励群众杀敌保家。不少地方的群众自觉行动起来，拿起武装与日军进行战斗。在全安、珠玑、洋扮、上坪源、荆岗等地的群众，有组织地奋起抗击日军的进侵，先后杀死日军二十余名，给侵略者以应有的惩罚。

在日军占领南雄期间，地方上的一些土匪也纷纷趁机在圩场或公路上抢劫百姓的财物。抗日十二中队得知情况后，经常派出队伍到里东、均平等圩场去巡逻，保护群众的安全。

消极抗日、积极反共的国民党南雄县政府早已怀疑抗日十二中队是共产党掌握的，于是派了八名特务到抗日十二中队驻地珠玑去侦察，结果遭到抗日十二中队的暗中打击。南雄县政府恼羞成怒，就准备纠集永正、长平、承庆、乌迳等九个乡的抗日自卫中队，围攻抗日十二中队，并且企图将它解散。抗日十二中队获悉这个消息后，一方面派出代表与国民党政府交涉，进行说理斗争；另一方面派人到乌迳、黄坑、湖口、南亩、全安等地，做好各抗日自卫中队的工作，讲明情况，说服他们不要做亲者痛、仇者快的事，大敌当前，应该一致抗日。结果，乌迳、黄坑、龙溪、南亩等地的抗日自卫中队拒绝参加围攻十二中队的行动，终于使国民党南雄县当局的阴谋破了产。侵占南雄的日军，由于不断遭到中国抗日武装的打击和干扰，坐卧不安，终于在 1945 年 7 月 23 日退出南雄县城，逃往韶关，南雄获得光复。

1945 年 8 月 15 日，日本裕仁天皇被迫向世界宣布日本无条件投降。中国人民经过 8 年艰苦卓绝的全民族抗日战争，终于取得了最后的胜利。

第四章

解放战争时期

第一节　为争取和平民主而奋斗

一、抗战胜利后南雄的局势

1945 年 8 月 15 日，日本宣布无条件投降。全国人民迫切希望以此得到和平，着手医治战争创伤，重建家园。中国共产党尊重人民的意愿，主张团结一切爱国民主力量，调动全国人民的积极性，把中国建成独立、民主、富强的新国家。但是，以蒋介石为首的国民党却不顾人民历尽抗战的痛苦，不顾全国人民迫切的和平愿望，反而要使中国回到半封建半殖民地的地位，令广大人民再度遭受帝国主义、封建主义和官僚资本主义的三重压迫，因而极力准备内战，妄图消灭中国共产党领导的抗日有功的人民武装，独占抗战胜利果实。

国民党南雄县当局执行蒋介石反共反人民的反动政策，在日本投降后，立即宣布解散共产党领导的南雄人民唯一的抗日武装力量——抗日十二中队。它一面停止一切供给，还禁止抗日十二中队到圩场收税，切断其供给来源；一面命令抗日十二中队队长吴述濂到县政府报到，其余战士立即解散回家生产。

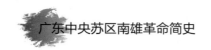

面对这一形势，经地下党组织研究决定，吴述濂不能去县政府报到，抗日十二中队也不能解散，并由吴述濂率领抗日十二中队及时进驻珠玑乡的下洞村，防备国民党的突然袭击。

南雄县政府发觉抗日十二中队"抗拒"其命令，因而限令抗日十二中队一定要在8月底解散，否则就要用武力来解决。迫于敌强我弱，加上供给困难，地下党组织经研究暂时将抗日十二中队解散，让大部分战士复员回乡，但仍留下陈仲舒、林志祥、饶云中、赖香通、邓兆庆、邓事赞、刘卫东等十多名骨干，作为党掌握的一支武装小分队，由中共南雄县特派员陈中夫率领，在南雄的北山、珠玑一带秘密活动。其余在城乡各地的地下党员转入隐蔽斗争。

当时在南雄坚持工作的地下党员有：在国民党南雄县党部的郭显亲，妇女会的李宏华、温流，县税务所的吴昌琳，省立六中的教员云昌遇和学生张建勋、梁惠、李宏义、刘烈琅、刘烈馨，植桢中学教员李康寿、李秀琼，广仁小学的叶坚，珠玑乡乡长徐道昌，承庆乡乡长刘友聪，湖口乡公所职员刘必荣，珠玑中学校长邓事型，教员欧阳汝森和学生周才平、吴述滨、雷际尧等。董天锡、董书缨、赖超雄等人则在乌迳圩开设卷烟店和杂货店，以做小生意作掩护。

1945年冬，国民党"新一师"某团进驻南雄，随即在南雄县政府召开"党政军联席会议"。该团长在会上扬言南雄有"土匪"，机关里有共产党活动，城里有人演出延安的戏，学校出的壁报也有共产党的言论，要密切注意及取缔此类情况，还有地方政府和各界人士给予合作。有此凭仗，南雄县国民党当局加紧进行侦察和取缔共产党的活动。由于地下党员们隐蔽得好，消息又灵通，地下党组织始终没有遭到大的破坏。

二、八路军南下支队南征抵南雄

1944 年冬，全面抗战已进入第八个年头。积极领导中国人民抗日的中国共产党，时刻惦念南方人民的斗争情况及其处境，决定派遣一支南征部队挺进湘粤赣边，开辟五岭抗日根据地，与当地抗日人民武装相会合，就地组织和领导群众，抗击日本侵略者。党中央决定，南征部队以八路军一二〇师三五九旅为基础组建而成，正式命名为"国民革命军第十八集团军独立第一游击支队"（简称"八路军南下支队"），司令员王震，政委王首道。

11 月 10 日，八路军南下支队离开了延安。下旬，走出了解放区，向着日军、伪军和国民党军队占领的地区挺进。他们在冰天雪地的严寒中渡过了黄河，在国民党顽军的阻击中渡过了长江天险。一路上，他们同前堵后追的日军、伪军和国民党顽军交战，获得了多次的胜利，清除了前进道路上的处处障碍。经过长途跋涉，历经陕西、山西、河南、湖北、湖南等省，才于翌年 8 月下旬到达湘粤赣边区。

当八路军南下支队还在南征途中时，中共中央军委于 1945 年

7月15日向广东发出指示："我们曾电告你们，今后发展的主要方向是粤北、赣南、湘南五岭山区，建立湘粤赣桂边（以五岭为中心）根据地，迎接八路军南下部队，合力创造华南新阵地。"8月中旬，林锵云、王作尧、杨康华率领东纵部队1200余人，奉命自博罗出发，北上五岭地区，迎接八路军南下支队。

8月26日，八路军南下支队从江西大庾县右源出发，开始攀登大庾岭主峰西部的帽子峰。途中遇着倾盆大雨，指战员们冒着大雨翻山越岭，穿过原始森林，几小时后，进入南雄北山地区。

八路军南下支队挺进华南的举动，早已被消极抗日、积极反共的蒋介石视为心腹之患。他电令国民党第九战区司令薛岳和第七战区司令余汉谋组成联军，在湘南、粤北、赣南接壤地区严密布防，妄图消灭八路军南下支队于湘粤边境。

8月27日，八路军南下支队翻过五斗岭到达南雄县白云乡的上矬。群众不知来了什么部队，都害怕得躲进炮楼里闭门不出。指战员们向群众喊话作宣传，群众也听不懂，于是政委王首道亲自用客家话向群众宣传，我们八路军是共产党、毛主席领导的人民军队，是人民的子弟兵，为了抗日救国从陕北打到广东来的。南雄北山是当年项英、陈毅打过游击的地方。当群众知道八路军就是当年的红军时，眼里都含着欣喜的泪光，拉着八路军南下支队指战员们的手问长问短，热心地帮助部队去解决粮食问题。司令部就暂时设在一座用麻石条砌成的炮楼里。

不久，八路军南下支队收到了东江纵队的电报，说他们根据中央的指示，已进入始兴、南雄地区。八路军南下支队的指战员们都为即将能与盼望已久的华南抗日部队会合而欢欣鼓舞。

不料薛岳部队九〇师衔尾追来。在上矿东面几公里的牛矿村，两地相隔一重山，警戒部队已同来敌交火。王震命令主力向西面的百顺转移，半路上又与余汉谋部遭遇；南面也发现一八七师从古市方向赶来。王震即命部队从尚未封锁的西北方向突围，还找了一位熟悉路径的老农带路，从一条偏僻小径登山，进入了遮天蔽日的密林。天黑了又降了一场暴雨，指战员们被雨淋得湿透，森林里更加黑暗，部队只有手拉手摸黑前进，不少人因路滑跌跤。部队走了一夜才走了 25 里路，天亮后又走了 25 里路，才到达百顺乡的沙坑村休息。这时，路边、门前、屋檐下、柴堆上，到处都睡着饥饿疲惫的八路军战士。当地群众主动向部队提供粮食、蔬菜、柴禾和炊事用具，帮助部队做饭菜。

为了确定今后的行动方向，王震、王首道就在沙坑召开军政委员会会议。首先分析了敌情：前面南雄、始兴一线，有余汉谋顽军两个军；后面有从湘南尾随而来的薛岳顽军；左翼又有江西方面的顽军逼进。周围有 5 个军向南下支队合围，形势对南下支队极其不利。前来接应的东江纵队还在北上途中，也遭到国民党顽军的阻击，不能及时赶到。同时，考虑到日本已经投降，形势发生了根本的变化，要在湘粤赣边建立抗日根据地已不可能。与会者一致建议北上中原，向新四军第五师靠拢，电请中央定夺。不久，接中央复电："同意你们即由现地自己选择路线，北上与五师靠拢。"

8 月 29 日，南下支队为了争取国内的和平与民主，怀着无限

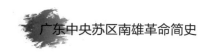

深情，惜别了广东人民，从百顺乡沙坑村出发，踏上了北上的征途，离开粤北，挺进中原。

三、东纵、珠纵北上南雄迎接南下支队

7月下旬，中共广东省临委遵照中央军委关于要迅速派出部队北上，配合王震部队行动，开辟五岭抗日根据地的指示，决定由珠江纵队司令员林锵云、东江纵队副司令员王作尧和政治部主任杨康华三人组成"粤北指挥部"，率领部队北上迎接南下支队。粤北指挥部下辖东江纵队第三支队、第五支队、北江支队、西北支队，珠江纵队南三独立大队，始兴风度大队，南雄游击队。同时由林锵云、王作尧、杨康华三人组成"粤北军政委员会"，统一指挥北上部队和领导粤北及小北江各县的地下党组织。8月15日，由林锵云、王作尧、杨康华率领东纵第五支队、军政干部学校学员、鲁迅艺术宣传队、"拖拉机"政工队等共1200多人，从博罗横河出发，向粤北挺进，途经龙门、新丰，进入英德、翁源、始兴，于9月下旬到达南雄北山地区，与中共南雄县特派员陈中夫领导的抗日十二中队骨干会合。由于八路军南下支队已于前月北返，最终未能会师。

与此同时，由珠江纵队南三大队和第二支队一部组成的"珠江纵队独立第三大队"500多人，在支队长郑少康、政委梅易辰

的率领下，于 8 月 22 日从三水县源潭圩出发，取道花县，沿粤汉铁路两侧，向粤北挺进，准备迎接八路军南下支队。该大队在北上过程中，几次遭到国民党强大武装部队的袭击，损失惨重，由原来的 500 多人减少到 100 多人，原有的 60 多名女战士剩下不到 10 名。几经辗转，才于 12 月上旬到达南雄白云乡与先到的东纵部队会合。接着，部队转移到南雄油山的廖地村休整，总结经验教训。

12 月中旬，粤北指挥部根据新的形势需要，将北上部队合编为"东江纵队粤北支队"，刘培任支队长，黄业任政治委员，郑少康任副支队长。原珠纵独立第三大队一部分和南雄十二中队则合编为"东江纵队粤北支队南雄大队"，戴耀任大队长，陈中夫任政治委员。

1945 年 9 月下旬，东纵部队到达南雄后，南雄地下党组织即归粤北党政军委员会领导。为了使地下党的工作和部队工作更加协调，粤北党政军委员会决定，将现任南雄县特派员陈中夫调入部队，另派金阳接任中共南雄县特派员，同时任命欧阳汝森为副特派员。金阳下山后安排到瑶坑小学当教员作掩护，因为瑶坑当时是南雄县地下党活动的中心。欧阳汝森仍旧回到珠玑中学以教书作掩护，并担任该校的党支部书记。南雄地下党组织全力以赴地做好支援粤北部队的工作。

东纵和珠纵部队北上时，曾带有文艺宣传队、医务人员、干校教员等非战斗人员，考虑到接下来要开展山地游击战，粤北指挥部决定把他们疏散出去，由南雄县地下党负责帮助部队迅速疏散非战斗人员。南雄地下党首先利用党员徐道昌任乡长的珠玑乡公所向疏散人员发给身份证，然后根据各人具体情况进行安排：有的送去广州、香港；有的就地安置，文化高的去教书，懂医术的去行医。例如刘志祥、徐梓才、陈希行等人安排到珠玑中学教书，胡军安排到湖口小学教书，王湜、李茵、潘濂等安排到县城女子小学教书。卫生员朱依群、何平则安排到徐道昌掌握的珠玑乡公所去办医疗所，当医生，为群众治病。

由于冬季即将到来，而粤北支队指战员大多来自气候较暖和的珠江三角洲，比较怕冷，御寒衣物是亟待解决的问题。南雄地下党组织积极帮助部队购买生活必需品，通过各种渠道采购了大量卫生衣、棉衣、胶鞋等御寒物品，还有药品、电池等，秘密运进山区，从物质上支援部队。

南雄地下党组织还利用党的基层组织和党员，通过各种渠道了解敌人的行动计划，为部队提供情报。同时，派出人员与设在香港的南方局取得联系，互通消息，并负责接送从香港回来的工作人员，为他们的安全做好各项掩护工作。

给养问题是粤北部队急待解决的问题，为此，粤北指挥部在南雄地下党组织的配合下，采取了一系列措施，解决给养问题。

首先，指挥部决定组织一支"雄余信武工队"，队长高固，政委刘建华，由南雄北山转到油山。武工队派张定和陈芳带了5名队员，配上四条长枪和三支短枪到雄信公路上分两段设站收税：西段从乌迳至九渡水的大路上，点设在石迳圩；东段从松木塘至信丰的庙下，点设在火烧桥。两个点派出武装人员向来往客商收税。一连几个月没有中断，每隔三五天就派人将收到的税款送交指挥部。游击队在收税过程中也会遭到敌人的袭击，由于他们有警觉，未受到什么损失。

1945 年 12 月间，粤北指挥部派刘黑仔（刘锦进）率手枪队与张定和陈芳他们会合，共有 21 人枪，由刘黑仔当队长，在雄信公路线加强活动。他们除了坚持原来建立的两个税站外，还控制了南雄的大坊、界址、坪田、新龙、江口、老龙等七个圩场的税收。每逢圩日就三五人一组，跟随赴圩的农民进圩收税。虽然税收有所增加，但还是难以解决部队的给养费用。

一天，刘黑仔接到上级指示，要在短期间内上缴 40 万元法币给指挥部，以应急需。由于时间太短，靠收税去完成是不可能的。为此，刘黑仔当机立断，决定袭击国民党的乌迳税务所。夜幕降下后，刘黑仔带领十多名队员，从孔江的上窑背出发，晚上10 点多钟赶到了乌迳税务所，发现税务所人员正在那里打牌。手枪队突然冲了进去，刘黑仔命令他们将收到的税款立刻全部交出来。税务所人员只好照办。手枪队得款后立即离开乌迳，返回驻地。经过清点钞票，共 40 万元有余。手枪队除了负责收税工作之外，还要做宣传群众的工作，每到一个地方和进入圩场都带有传单，分散发给群众，使广大群众了解游击队是为穷人求解放的。收税工作一直坚持到 1946 年 5 月。它不仅解决了部队的给养，同时还打击和牵制了敌人。

官田村是南雄县国民党县党部委员、县副参议长、百顺区区长邬锡金的老巢。他是一个恶霸地主，平日横行乡里，搜刮民财，

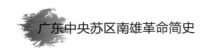
鱼肉百姓，在南雄称霸一方。1945年8月底，八路军南下支队到达白云、百顺一带时，曾有几名掉队的伤病员惨遭他杀害。东纵到达南雄北山后，他也经常带队偷袭游击队。因此，粤北指挥部决定袭击官田村，除掉邬锡金，以便打开北山的斗争局面。

1945年12月的一天，刘培支队率领叶昌大队，从帽子峰出发，夜袭官田村。凌晨2时，部队到达官田后，就把村子和炮楼包围起来。敌人被吓得龟缩在炮楼里，不敢开枪。这时，部队对敌人发动政治攻势，向炮楼里的敌人喊话："你们被包围了，要认清形势，立即放下武器，向人民投降，否则，只有死路一条！"敌人在游击队强大的军事力量威慑下，一枪未发就挂出了白旗，举手投降。天亮后，部队打开邬锡金的粮仓，没收粮食充作军粮。这次战斗歼灭了邬锡金的自卫中队50多人，缴获枪支弹药一批。邬锡金因前一天就跑到县城去了，侥幸逃脱。

四、东纵粤北支队奉命北撤

抗战胜利以后，为了实现国内和平与民主，1945年8月28日，不顾个人安危，毛泽东与周恩来、王若飞从延安前往重庆，与国民党蒋介石进行谈判。国共双方于10月10日签订了《政府与中共代表会谈纪要》，即双十协定。中共同意让出南方8块解放区，并将这些地区的人民革命武装调往北方。广东解放区也是其中之一。

1946 年 1 月 10 日，中共代表同国民党政府代表正式签订了于 5 日达成的停战协议，规定了双方军队在 13 日午夜停止军事行动。为了执行停战协定，由国民党政府、中国共产党和美国政府三方代表组成"北平军事调处执行部"，负责监督执行停战协定。执行部下设若干小组，分赴各冲突地点进行调处。1 月 25 日，北平军事调处执行部第八小组到达广州，调停广东内战和解决广东中共部队的北撤问题。该组由中共代表方方少将、国民党代表黄伟勤少校和美方代表米勒上校组成。由中共代表廖承志、方方、曾生与国民党代表张发奎经过 50 天的艰苦谈判，迫使国民党当局承认在广东有中共领导的武装部队的存在。5 月 21 日，双方达成了中共武装部队 2400 人北撤山东烟台的具体协议。

5 月 25 日，军调部第八小组派出三个支组到江南、江北和粤北等地，监督执行中共武装部队北撤的各项事宜。粤北支组成员是：中共代表杨康华上校（由李泰鸿代理）、国民党代表黎国熹中校、美方代表纳尔逊上尉。该小组于 5 月底到达南雄，6 月 3 日，国共双方代表在岭南酒家就东纵粤北部队北撤的时间、集中地点、行军路线、沿途安全等问题举行谈判，达成了具体协议。

6 月初，在南雄、始兴的粤北部队遵照协议分别开往英德龙口集中。6 月 15 日，粤北部队继续南下，6 月 23 日抵达惠阳的沙鱼涌。6 月 30 日，中共领导的广东部队 2583 人在曾生、林锵云、杨康华的率领下，从大鹏湾登上美国军舰北撤。7 月 5 日，安全到达山东省烟台解放区，受到当地军民的热烈欢迎。

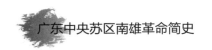

五、留守武装人员坚持隐蔽斗争

自从双十协定和停战协定签订以来，中国共产党严格遵守各项规定，并迅速将南方根据地的人民革命武装调往北方。但是，国民党当局却仍旧顽固地坚持其内战政策。双十协定签订不久，蒋介石就发布进攻解放区的秘密命令，并向华北和长江以南各解放区发起进攻。在广东，当粤北支组正在谈判和粤北支队开始集中的时候，国民党南雄县当局就公然违反协议，指使县大队突然袭击在界址圩的粤北支队手枪队。该队政委在自卫交火中当场牺牲；队长刘黑仔（刘锦进）则身负重伤，抬到江西省全南县的鹤子坑时光荣牺牲。

在事实教训面前，中国共产党并不因为努力争取和平民主而对国民党当局寄以不切实际的幻想，随时准备以革命的两手策略去反对反革命的两手策略。因此，中共广东区委决定，在部队北撤时，必须留下一批武装人员，就地隐蔽，坚持斗争，随时对付国民党发动内战，保护群众利益。粤北指挥部根据中共广东区党委的指示，除了确定北撤、复员回乡和转移到城市的人员外，还决定留下200多名武装人员，由黄业、刘建华、陈中夫三人组成的中共五岭临时工委实行统一领导，分开隐蔽在以南雄帽子峰为中心的粤赣湘三省接壤地区：黄业、刘建华率领总部五六十人，代号"山海关"，在帽子峰南麓的锅坑隐蔽；戴耀带领44人，代号"过山虎"，在帽子峰脚下的芳坑隐蔽；叶昌带领33人，代号"雄狮队"，在三省交界处的江西崇义县洛洞乡石浪村隐蔽；邓文礼带领20多人，在始兴南山澄江隐蔽；吴伯仲带领 39 人，在始兴北山的武岗隐蔽。

粤北指挥部给留下的隐蔽部队布置了几项任务：（1）保存干部和武装力量，等待时机；（2）依靠群众，建立隐蔽基地；（3）声援复员军人；（4）保卫部队党委领导的地下党组织。

6 月 3 日，部队分头进入隐蔽地点，过着与外界隔绝的艰苦生活。部队紧密依靠当地人民群众。群众则冒着生命危险为部队购买粮食和日用品，探听敌人情况。隐蔽生活过得非常艰苦，由于粮食筹集很困难，每人每天只吃几两米，指战员们很难吃上一顿饱饭，经常摘些野菜野果充饥。住的是简陋的竹棚或茅寮，遇到晚上下雨刮风，衣服被子被淋湿，就难以安睡了。但是久经战斗锻炼的战士们面对艰苦的生活，却毫无怨言。白天无事，各队都组织学文化，学军事，不断提高战士们的文化水平和军事素质。有时也搞些文艺活动，如讲故事、唱歌等，苦中有乐。由于领导和共产党员能够带头吃苦，关心群众，做到官兵一致，同甘共苦，部队始终保持着团结战斗的革命精神。战士们心情舒畅，虽苦犹乐，因此，在隐蔽期间，没有出现逃跑的情况。

自从主力部队撤走之后，国民党立即派部队进驻粤北部队活动过的地方，在乡保政权的配合下进行"清乡"，搜山，搞"自新"运动、五家连保等，要挟和威吓群众，但都收不到什么效果。由于隐蔽人员自觉遵守隐蔽规定，小心警惕，同时，得到地下党组织和当地群众的支持和掩护，始终没有暴露目标。8 月中旬，五岭临时工委决定，留在南雄、始兴隐蔽的 200 多人，可以用各种灰色的面目出现进行活动，利用各种形式打击国民党反动派。

第二节　南雄武装斗争的恢复与发展

一、武装斗争的恢复

1946 年 8 月中旬，五岭临时工委从电台收到延安《解放日报》社论："全国解放区人民动员起来，粉碎蒋介石的进攻。"社论严厉谴责国民党蒋介石背信弃义，破坏停战协定和政协决议，向北方解放区大举进攻。社论号召解放区全体军民紧急行动起来，团结一致，保卫解放区，粉碎蒋介石的进攻。五岭临时工委根据社论的精神和当前国内的战争形势，对部队进行了一次形势教育，使大家认识到：大规模的全面内战已经爆发了，对国民党不能存有任何幻想。形势发展证明：广东区党委为了防备国民党挑起内战，决定留下部分武装骨干坚持斗争是十分正确和必要的，上级对形势的分析和采取的措施也是十分正确的。为了配合解放区的自卫战争，我们应当立即结束隐蔽生活，重新开始积极活动起来。

9 月初，五岭临时工委召开会议，分析了当前形势，考虑到五岭部队隐蔽已三个月了，东纵部队早已到达山东烟台解放区，会议决定马上结束隐蔽生活，并根据广东区党委"绝不暴露中共面目"和在部队人数不多的情况下以灰色的面目出现的指示，以反对内战、反"三征"（征兵、征粮、征税）的形式，发动群众，举行小规模的武装起义，主动出击，到处打击敌人。叶昌队以"崇、仁、汝（崇义、仁化、汝城）人民反征救命团"的名义，在仁化的长江，南雄的百顺、白云一带活动；戴耀队以"雄、余、信（南雄、大余、信丰）人民义勇大队"的民义，在南雄的油山、大塘、乌迳、邓坊等地活动；陈子扬、邱才和张定率领的手枪队，取名为"满天飞""过山虎"，活动在雄余、雄信公路上，到处打击敌人。

9 月间，中共南雄特派员金阳调入部队，由黄友涯（黄逸祥）接任中共南雄、始兴县特派员，直接领导南雄中学、珠玑中学和国民党机关及县城小学的地下党员 20 多人，但不与农村党组织发生联系。

10 月中旬，叶昌率领刘裕安队攻打白云乡公所，歼灭乡公所联防队 20 余人，缴获长短枪 20 多支和一些弹药。

12 月 3 日晚，刘建华、戴耀率领部队攻打邓坊乡公所，用炸药炸开乡公所大门，迫使乡公所自卫队 30 多人投降。邓坊乡女乡长李少芬当时未住乡公所，得以逃脱。李少芬怕遭到游击队的再次打击，第二天特邀刘建华、戴耀到长甫桥谈判，自愿把一挺机枪带来送给游击队。

1947 年 3 月，戴耀率领游击队在南雄珠玑到里东之间的石子岭伏击敌人的十几辆汽车，缴获一大批粮食、棉布、药品等，充实了游击队的供给。

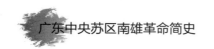

1947 年 4 月，游击队袭击了南雄水口警卫队。那天是圩日，戴甦率领化装成农民模样的游击队进入水口圩，悄悄地把警卫队驻扎的炮楼包围起来。不久，敌人发觉了游击队的行动，立即关上闸门，企图顽抗。游击队即发动政治攻势，规劝敌人投降。敌人不听，还依靠炮楼开枪顽抗。游击队用炸药炸开炮楼门，敌人举起了白旗投降。此战俘敌 20 多名，缴获枪支弹药一批。

自 1946 年 9 月初结束隐蔽以来，游击队在南雄地区非常活跃，到处打击敌人，使敌人胆颤心惊，坐卧不安。部队每到一处，都大力开展宣传工作，使广大人民群众的思想觉悟不断提高，支持游击队。

二、五岭地委和解放总队的成立

1947 年 3 月，中共中央香港分局根据斗争形势发展的需要，派张华来到南雄，准备建立五岭地委，大力开展武装斗争。3 月下旬，中共五岭地委在南雄百顺乡凌溪村的云影庵（现属仁化）正式成立。张华任书记，黄业、刘建华任副书记，陈中夫、金阳等为委员。4 月初，中共五岭地委在云影庵召开会议。会议的主要内容是：贯彻中共中央香港分局对五岭地区工作的指示，研究重新恢复五岭地区的武装斗争问题。会议决定：当前斗争的中心仍以反"三征"为口号，发动群众，扩大队伍；以南雄、始兴为基地，坐南朝北，积极准备条件，向赣南、湘南发展，扩大游击区，建立根据地；依靠山区，逐步向平原发展；整编队伍，亮出旗帜，放手打出去，准备由小搞到大搞。

会上还决定将现有部队统一整编，建立粤赣湘边人民解放总队（以下简称"解放总队"）。黄业任总队长，张华任政治委员，刘建华任副总队长，陈中夫任政治部主任。总队以下设四个支队、一个独立大队、两个地方大队。

第一支队，支队长叶昌，政委黄业（兼）。该支队主要活动在南雄的北山和崇义、仁化、大庾交界地区。

第三支队，支队长吴伯仲，政委云昌遇。该支队主要活动在始兴的北山和南雄的百顺、苍石一带。

第五支队，支队长邓文礼，政委黄友涯。该支队主要活动在始兴的南山和南雄的主田等地区及与江西全南交界地区。

第六支队，支队长戴耀，政委刘建华（兼）。该支队主要活动在南雄的油山、邓坊、大塘、孔江、乌迳和南雄与江西大庾、信丰的交界地区。

独立大队，大队长邱才，政委陈子扬，主要活动在南雄的雄余公路沿线地区。

南雄大队，大队长徐道昌，活动在雄余公路南雄路段以西地区。

神勇大队，大队长郭显亲，活动在南雄的主田和古市的小坑、三角岭一带山区。

1947 年 3 月，中共南雄县特派员黄友涯调入部队，任五支队政委，由陈克接任中共南雄县特派员。

总队成立后，公开打出旗号，走出山区，挺进平原，向敌人发动新的进攻。从此，南雄革命走上一个新的高潮。不久，五岭地委和粤赣湘边区人民解放总队机关也迁到横水（帽子峰）的乾村。

三、向平原扩展游击区

南雄经过前一段的军事斗争，拔除了几处敌人的据点，消灭了100多名乡自卫队员，镇压了几个作恶多端的反动头目；也教育了一批反动分子，促使敌人内部分化。除了少数区、乡长仍坚持反动立场外，一般都保持中立态度，有的还暗中投向游击队，如珠玑、邓坊、里东、龙溪、古禄等乡的乡长，主动与游击队取得联系，有的乡建立了两面政权。

五岭地委根据中共中央香港分局关于"开展游击战，建立根据地"的指示，计划在原有几个活动基地上建立根据地，并逐步扩大范围；军事斗争则由小搞到大搞。为了实现这个计划，总队在扫清山地周围的敌人据点之后，即从山区开到平原，放手大搞。

在游击队的猛烈攻击下，南雄平原地区一些极端反动的乡长和恶霸地主，被迫带着他们的反动武装，龟缩在几个据点里负隅顽抗。如新田圩、百顺圩仍被敌人占据，成为五岭游击队向平原地区发展、扩大游击区、建立根据地的重要障碍。总队决定拔除这几个钉子。

南雄东部平原地区是五岭部队扩大游击区的重要目标。刘建华、戴耀率领六支队，自夏至秋，先后扫除了黄坑、大塘、水口、南亩、坪田、龙口、江口等地的乡公所和自卫队。这样，南雄东部平原地区只剩下乌迳和新田两个敌人据点。

新田圩位于南雄东部平原中心，圩东面六七百米处有个新田村，是个住有几百户人家的大村，该村被封建势力所把持。浈江河自东向西流经村和圩的北面，雄信公路沿着浈江河的北岸经过这里，一座石拱桥横跨在浈江河上，把新田圩和雄信公路连接起来。所以，新田圩在军事上有着重要的战略地位，经济上也是南雄东部农林产品的贸易集散地。圩上驻扎着新田乡一个自卫中队，黄坑乡的自卫中队也到那里驻扎。离圩东三四里的乌迳圩则驻扎一个县警卫中队，与新田乡的自卫队遥相呼应。附近好几个乡的反动头目和反动绅士都麇集在新田圩，企图躲避游击队的打击。

为了扫除这个据点，解放总队决定集中兵力，实行夜间袭击，全歼该敌。9 月 26 日，由黄业、张华、刘建华亲自率领叶昌一支队和戴耀六支队共 700 多人，开往新田圩，作好战斗部署：以一支队主攻，六支队配合；陈子扬队据守雄信公路，警戒南雄城来援之敌；杨奉璋率一个中队阻击驻乌迳的县警卫中队。午夜时分，发起总攻，却发现敌人早已转移到新田村去了。

新田村东、北、西三面都离浈江河很近，南面山岗起伏，村的四周排列着密集的民房，形成一道"围墙"。村内筑有炮楼和临

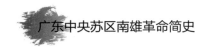

时碉堡，控制着河面，村外四周是开阔地。指挥员们分析了当时的敌情，认为南雄城的敌人不敢出来增援，决定白天发起强攻，消灭新田村的敌人。指挥部命令一、六支队把新田村包围起来，第二天拂晓时发起猛攻。敌人借炮楼负隅顽抗。指挥部命令一、六支队炸开炮楼。战斗从早晨直打到中午。敌人见援军未到，加上游击队的强大政治攻势，只好举起白旗，出来投降。这次战斗，俘敌100多人，还有几个反动乡长；缴获轻机枪两挺，长短枪60余支。

战斗结束后，召开了群众大会，号召人民起来反"三征"，打倒国民党反动派。同时，还警告那些乡长、保长和地主豪绅，今后不要坚持反动立场，继续与人民为敌；要认清形势，选择光明前途，站到人民的一边来。

新田战斗打响后，南雄县长闻讯十分惊慌，急忙派保安营长陈进才率队前来增援，走到半路听说共产党游击队集中了1000多人打新田，还配有大炮，吓得不敢前进，缩回县城。驻乌迳的敌人，被杨奉璋的游击队封锁在烂城俚不敢出来增援。为了避免遭受游击队的打击，敌军惊慌地撤离了乌迳，逃命去了。

不久，戴耀又率领六支队乘胜袭击了里东、珠玑等乡的敌人据点。这样，南雄以帽子峰、油山为中心的五岭根据地，向南雄东部平原扩展了十多个乡的范围。

南雄县靖平乡乡公所设在白云圩，在帽子峰的西面，是上下北山游击区中间的一个敌人据点，曾一度被叶昌一支队解放。自从一、六支队主力开到平原活动后，外号"北山虎"的南雄县副参议长邬锡金，指使他的得力爪牙钟怀德，搜罗了一批散兵游勇，组成百顺区自卫大队，拥有三挺机枪、数十支步枪，由钟怀德任自卫大队长兼靖平乡乡长，重新建立靖平乡乡公所。他依仗这支数十人的反动武装，随意捕人，杀害支持过游击队的革命群众；还经常带领其反动武装下乡抓丁抢粮，奸淫掳掠。群众恨之入骨。他也曾带队袭击游击队的政工人员，对北山游击队和群众造成很大的威胁。为了巩固北山游击根据地，总队决定拔除这个"钉子"，消灭这股敌人。

11 月 26 日晚，叶昌率领一支队和湘边队的部分队员共 200 多人，进入白云圩东面的竹山背村隐蔽，伺机消灭钟怀德的反动武装。27 日凌晨，敌人偷袭竹山背村，被游击队发现，一支队很快就占领有利地形，用机枪猛射钟怀德的自卫队。钟怀德一听枪声，知道碰上了游击队的主力，打了一阵，见势不妙，掉头就跑。一支队一阵猛打猛冲，将钟怀德的自卫队打散。钟立即带领残部，抄小路越过五斗岭，往下磅方向逃窜，最后躲进了下磅村的炮楼里，负隅顽抗。

叶昌率领一支队紧迫不舍，追到下磅村时，得知钟怀德带着自卫队躲进了炮楼，就立即把炮楼包围起来。他决定天黑后发起攻击，战斗一直持续到 28 日凌晨，钟怀德仍不投降。天快亮时，叶昌命张发带领突击班，背上炸药包，在机枪的掩护下，乘天黑接近炮楼，连续两次爆破，终于将炮楼门炸开，当场炸死炸伤自卫队队员十余名。钟怀德只得打出白旗，举手投降。

这次战斗共俘敌 40 多名，缴获机枪一挺、长短枪 60 余支、

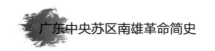
子弹一批。消灭钟怀德的自卫队以后，游击队完全控制了南雄北山地区，使南雄北山游击区和始兴北山游击区连成了一片。

随后，游击队又扫除了一批南雄平原上的国民党反动据点。到12月止，南雄县的25个乡镇中，就有19个乡公所搬进县城去了。这时，国民党县政府只能控制县城及周围四五里远的地方，其余地区基本上为游击队所控制。

四、加强党政建设，开展土改运动

随着南雄革命斗争形势的发展，五岭地委创办了《人民报》作为自己的机关报，宣传党的政策，揭露国民党的腐败统治，号召人民起来团结在共产党的周围，共同努力，推翻国民党政府的反动统治。在群众斗争方面提出了"反'三征'，开仓济荒"的口号，在军事斗争方面提出了"从山区打到平原，从平原打到城边"的口号。这些宣传和号召，使游击区和国民党统治区的人民群众深受教育和鼓舞，大大地激发了人民的革命斗争热情。

随着斗争形势的发展和根据地的不断扩大，五岭地区的革命斗争威震粤、赣、湘边区。许多有志青年从农村或城市，经过千辛万苦，冒着生命危险来到根据地，参加轰轰烈烈的革命斗争。有一部分是来自韶关、赣州、广州和香港的知识青年，其中广州中山大学的学生就有十几人，各地来的中学生近300人。各地党组织又把地下党员一批一批地输送到游击队来，大大增加了部队的政治骨干和文化骨干。由于革命形势的发展，本县农村青年参加游击队和民兵常备队的更为踊跃，革命队伍也迅速扩大。到 12 月止，五岭地委领导下的游击队发展到 4000 多人，南雄地方民兵常备队约 3000 人。

根据革命斗争发展的需要，南雄县建立了六个区政权：横水区（帽子峰），区长陈仲舒；白云区，区长陈瑞明；乌迳区，区长赖超雄；大塘区，区长刘南文；宝江区，区长郭显亲；珠玑区，区长徐道昌。区政权建立后，五岭地委在开展反"三征"斗争的基础上，又派出工作组、民运工作队到各地去发动群众，向地主开展"二五减租减息"的斗争，对少数反抗、破坏"双减"的恶霸地主，就发动群众进行斗争，民愤极大的给予惩处。在这期间，五岭地委十分重视引导群众组织起来，建立农会，组织常备队，使群众懂得依靠自己的力量，为争取自己的权益而斗争。

1947 年秋，五岭地委电台收到新华社播发华北、华中解放区实行土改的经验报道后，随即在横水召开会议，学习解放区土改的经验。五岭地委认为，继"双减"之后，开展土改，将更能满足群众的经济要求，更有利于进一步发动群众。于是，五岭地委决定先在一部分地区实行土改。为了把土改工作搞好，首先举办训练班，培训了一批土改骨干，然后派出一批土改工作队，以横水为中心，先搞试点，然后铺开，很快就扩展到白云、密下水、油山、乌迳、龙溪、南亩、水口、大塘、湖口、珠玑、主田和古市的三角岭等群众基础较好的地区。这次土改主要是烧毁田契，

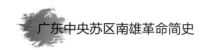

分青苗，分浮财。

这个期间革命形势继续发展，各地在建政、土改过程中发展了农村党的组织，民兵常备队、农会等组织也不断健全和扩大。农会动员青年参军，筹集部队给养，惩罚坚持顽固立场的地主恶霸。各民兵常备队负责维持社会治安，日夜站岗放哨，还经常配合部队作战，并不断为主力部队输送兵源，使部队不断发展壮大。由于部队和民兵常备队的紧密配合，有力地打击了农村的封建势力，贫苦农民扬眉吐气，恶霸地主威风扫地，各游击区和根据地出现了一派新气象。

1947年秋，随着革命的大发展，南雄农村的共产党员有不少人相继进入了部队，投入了轰轰烈烈的解放战争。7月，南雄县地下党特派员陈克遵照五岭地委的指示，亦带领珠玑中学的党员教师和党员学生进入部队。

8月间，五岭地委成立了雄仁余工委（亦称北山工委），金阳任工委书记，郑彦文、陈瑞明为委员，活动在南雄、仁化、大庾三县边界。其主要任务是开展民运工作，发动群众，执行五岭地委关于土改的各项政策。

1947年12月，五岭地委获悉敌"隆昌"部队来粤北"清剿"的消息，决定在南雄停止土改，把主力部队开到赣南和湘南去开辟新区，留下部分干部和游击队坚持斗争。为此，五岭地委决定成立中共南雄路西工委，任命徐道昌为书记，郭显亲为副书记，胡辉瑞、王平为委员。路西工委主要管辖湖口、邓坊以下至北山一带地区，利用游击战术坚持斗争，机动灵活地打击敌人。

1948 年春，南雄游击根据地遭到国民党"隆昌"部队的重点"清剿"。因开往外线活动的解放总队主力尚未回来，为了加强和统一粤赣边革命斗争的领导，五岭地委决定成立中共雄余信康工委，云昌遇为书记，张定为副书记，陈克、刘南文、赖超雄为委员。每个委员带领二三十人的武工队，坚持在南雄、大庾、信丰、南康边界活动，伺机打击敌人。

1947 年，南雄革命大发展后，南雄农村党员相继进入部队。是年 8 月，留在南雄县城的七八个党员组成一个支部，由林修负责。当时为了便于管理和开展工作，五岭地委决定将该支部划归中共曲江工委领导，赵学光任工委书记兼组织部长，李凌冰任宣传部长。南雄地下党的工作是积极支援和配合部队的武装斗争，为解放战争贡献了一份力量。

第三节　在总结经验中迎来
武装斗争的转折点

一、反击"隆昌部队"的疯狂"清剿"

从 1947 年 7 月开始，中国人民解放军由战略防御转入战略进攻。刘邓大军渡过了黄河，挺进中原，逼近长江。其他各路大军也转入了反攻，形成了全面反攻的总态势。

在广东，人民武装力量越来越强大，不断地给国民党反动地方武装以有力地打击，动摇了国民党反动派在广东的统治。蒋介石为了巩固其后方，挽救其全面崩溃的危机，于 9 月间派宋子文到广东，任国民政府军事委员会广州行辕主任兼广东省政府主席和广东保安司令，令其在短期内消灭广东人民武装力量。宋子文到广东后，立即召开"清剿"会议，制定"清剿"计划，扩编反动武装，分区设立"剿匪"指挥机构。1947 年 12 月开始，国民党以八九万人的兵力，对广东人民武装力量发动所谓"分区扫荡，重点进攻"的第一期"清剿"。

五岭地区人民武装力量是敌人第一期"清剿"的重点对象之

一。宋子文将全部美式装备的正规军六十九师（代号隆昌部队）调到粤北，设立"粤赣湘边区清剿联防指挥部"，任命反共干将叶肇为总指挥，指挥部设在曲江，限令叶肇在 1948 年 4 月 15 日前"肃清"三省（粤赣湘）边区的共产党游击队。1948 年 1 月间，叶肇集中 1 万余人的兵力向南雄、始兴扑来，妄图一口吃掉粤赣湘边区的游击队。

为了粉碎宋子文的"清剿"计划，中共中央香港分局在 1948 年 2 月召开重要会议，发出了《粉碎蒋宋进攻计划，迎接南征大军的指示信》，确定了"普遍发展，大胆进攻"和"以进攻消灭敌人的进攻，以发展消灭敌人的进攻"的方针；同时加强部队的政治、军事教育，提高战士的胜利信心和阶级觉悟等。上述指示，成为人民武装部队在反对敌人的"清剿"斗争中的指导思想。

南雄是五岭根据地的中心地区，是五岭地委和解放总队领导机关所在地，也是解放总队主力活动的地区，因此成为敌人重点进攻的目标。1948 年 2 月中旬，隆昌部队以 4000 多人的兵力，向南雄平原发动进攻。敌人首先进攻驻在主田塘山一带的郭显亲的神勇大队，在黄土伦展开激战。由于游击队仓促应战，加上敌强我弱，未能取得胜利，游击队决定转移。其后，敌人相继攻占了珠玑、湖口、黄坑、乌迳等大片平原地区；接着又对密下水一带进行"清剿"，妄图扑灭五岭地区的革命烈火，消灭南雄人民武装。南雄游击队与民兵常备队一起，英勇抗击了敌人的疯狂进攻，同敌人战斗了六七天后才退入山区。

随后敌人又以正规军为主，地方团队配合，向五岭地委和解

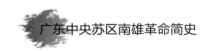
放总队领导机关驻地——横水进攻。为了不让敌人长驱直入，以便争取时间，掩护领导机关转移，六支队支队长戴耀率领周来主力大队200多人，在牛岭山麓同敌人隆昌部队一个营奋战了一整天，阻止了敌人前进，掩护了地委和总队领导机关安全转移。

国民党军队和南雄县政府一面对南雄游击队大"清剿"，一面疯狂地迫害游击队员家属和革命群众，实行"三光"（烧光、杀光、抢光）政策。1948年2月15日，敌人到湖口的下地山"清剿"时，一次就烧毁民房74间，烧不毁的就拆掉。一些极端反动的乡公所私设公堂，随意杀人，只要他们认为是游击队员或者是游击队家属以及支持过游击队的革命群众，捉到便杀死。承庆乡公所一天多则杀五六人，少则杀一二人。苍石的和望乡（设在大坪）一次就杀掉游击队员和革命群众30多人。由于敌人的残酷屠杀，许多游击队员的家属和革命群众，不敢回家耕田，致使不少田地荒芜。

敌人除了对游击根据地实行残酷"清剿"外，还进行移民并村，强迫山区的村民搬到平原的大村去，对山区实行严密的封锁，以断绝人民群众与游击队的联系，企图把游击队困死、饿死在山里，以达到他们消灭游击队的目的。

在敌人的残酷"清剿"下，五岭地委和解放总队机关从平原撤回帽子峰山区，活动范围大大地缩小了，近千人的队伍聚集在方圆二三十里人烟稀少的山沟里，处境十分困难。首先碰到的是粮食紧缺问题，每天晚上要派出武装小分队和政工人员到平原去筹集粮食。由于粮食匮乏，战士经常吃稀粥拌野菜，有时甚至以竹笋和野果充饥。时值春初，天气寒冷，战士们衣着单薄，有的没有棉衣、棉被，晚上难于入睡。敌人连续一个多月的"清剿"，使革命受到严重摧残，革命进入了低潮。

但是，南雄各根据地的军民没有被敌人的疯狂"清剿"所吓倒，游击队也没有被困死、饿死。他们发扬了不怕困难、不怕牺牲的精神，坚决反击敌人的"清剿"，与敌人浴血奋战，歼灭了不少敌人，打击了敌人的嚣张气焰。同时，还想出各种办法打破敌人的围困封锁，使之妄图消灭游击队的阴谋未能得逞。

在反"清剿"的斗争中，出现了许多可歌可泣的英雄人物。为了打破敌人的封锁，解决部队的给养，3月间，六支队派出小队长张玉带领12名战士，从油山潜出平原税站去取钱和侦察敌情，破坏敌人的电话线。当他们完成任务回来时，在古城迳与一个营的敌人遭遇，被敌人层层包围在山坡上。张玉和战士们沉着应战，从早上打到中午，毙伤敌人三四十人。张玉小队12人，除一人藏在石洞里、一人负伤卧在尸体中未被发现，其余10人在战斗中英勇牺牲。张玉战斗到最后一刻，眼看没有生还的希望，就把从税站带回的款项全部扔进战火中烧掉，把剩下的一粒子弹射向敌人，自己也壮烈牺牲了。

1948年3月23日，六支队第三大队政工队长董天锡带领三四名游击队员，从油山到乌迳平原。他们途经孔江乡老虎佛屋场时，在附近的岩洞里宿夜。由于歹徒告密，他们被敌人包围。董天锡带领队员突围，冲出洞口，跳进河里，不幸被敌人的机枪击中，身负重伤。但是他还顽强地爬上河岸，继续与敌人战斗，最后英勇牺牲。游击队员龚绍进也同时牺牲。

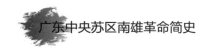

在反击敌人的"清剿"中，广大民兵常备队员和革命群众，也表现得十分英勇顽强。乌迳的民兵常备队员董嗣宽和白毛佬在反"清剿"中被敌人捉住，敌人要他们供出游击队的情况并交出枪来。他们坚决拒绝了，表现非常顽强。敌人用残酷的手段，在他们身上钉"梅花钉"，活活把他俩折磨死。百顺朱安塘的民兵常备队60多人，在村里英勇抗击敌人的进攻。党支书麦丙连、队长麦太阳保、分队长麦雪古、司务长麦土地都在战斗中英勇牺牲了。民兵常备队员还与敌人打了两天，才从村里撤出，转移深山，坚持斗争。朱安塘的农会主席麦洪盛被敌人捉住，敌人要他"自新"，他坚决拒绝，被敌人当众杀害。住在孔江乡穆公寨壮布山上一个姓张的老斋公，平时经常帮助游击队买粮购物、了解敌情。在"清剿"时，敌人捉住他，进行严刑拷打，把他的骨头都打断了，他也坚决不说出游击队的去向和任何情况，保护了游击队。

敌人对游击队的"清剿"，除了进行军事行动外，还实行政治攻势和经济封锁。南雄县、区、乡都成立了"戡乱救国委员会"，各级反动政权配合行动，实行五家联保，不准"当匪、窝匪、通匪、济匪"。不管其中一家违反哪一条，都要五家受罪，敌人企图以此对群众进行恐吓，迫使群众不敢支持游击队。敌人还利用各种手段，威逼游击队员家属，限期要其子女回家"自新"，否则就要扣押家属，没收财产。由于国民党反动派的威逼利诱，一些游击队员的家属被迫进山或写信，动员自己的亲人回家"自新"，导致了个别意志薄弱者离队，向敌人"自新"。但是，大多数游击队员的家属意志坚强，不为所吓。例如敌人想捉住神勇大队大队长郭显亲，就把他年老的父亲捉到乡公所严刑拷打，要他交出儿子来。老人坚贞不屈，敌人毫无办法，最后只好把老人投入牢房，直到南雄解放才走出牢门。在经济方面，敌人派兵严密控制公路、河流，企图捕捉游击队的税收人员，截断税源，以断绝游击队的经济供给。

尽管敌人对游击队进行残酷"清剿"和严密封锁，但是，南雄人民群众没有忘记仍在山上坚持斗争的游击队，总是千方百计来支援他们，经常把粮食、食盐和日用品偷偷送进山去。有的农民进山做工时，把粮食放在箩底下，上面盖上草木灰或其他肥料，瞒过敌人，送给游击队。有的农民进山劳动时，多带些中午吃的米饭去，把米饭放在田边，待游击队员来取。也有的进山砍柴时，把食盐放进竹杠里，回来时另找竹杠子挑柴，把有食盐的竹杠放在路边，到了晚上，游击队员就下山来取走。瑶坑村的妇女会，在这方面做得很出色，有力地支援了游击队的斗争。

经过几个月的反"清剿"，虽然游击队和革命群众对敌人进行了英勇斗争，但是，由于敌强我弱，力量对比悬殊，游击队仍受到了很大的挫折。尤其是在武装斗争大发展中建立起来达4000多人的民兵常备队，在反"清剿"斗争中损失了2000人，损失近一半。但是，在艰苦卓绝的反"清剿"战斗中，解放总队的主力仍然保存了下来，经历了残酷战斗的考验，部队更加坚强、更加巩固了。

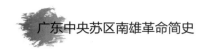

二、五岭地委扩大会议

1948 年 5 月中旬，五岭地委在南雄的帽子峰召开了一次扩大会议（简称帽子峰会议），参加会议的有张华、黄业、刘建华、袁鉴文、陈中夫、金阳、张尚琼、叶昌、戴耀、吴伯仲、陈子扬等。会议认真总结了一年来的工作，认为工作成绩是主要的：抗击和牵制了部分敌人正规军的兵力，消灭了大量反动武装，培养了大批干部，党组织也发展了，党和部队在群众中的威信提高了。虽然经过几个月的反"清剿"斗争，部队减员不少，但是留下了一批经过战争考验、政治上成熟的骨干分子，部队更加巩固和更加具有战斗力了。

会议对一年来的工作缺点错误及斗争经验教训，也认真进行了总结。一是在斗争胜利发展的形势下，领导缺乏清醒的认识，认为野战军很快就会渡江南下，胜利不久就会到来，1947 年夏就提出打下南雄城的口号。而对于敌人可能集中兵力对五岭地区进行大规模的"围剿"没有足够的估计，缺乏思想上和行动上的准备，当敌人进攻时，就仓促应战。二是领导思想上存在盲目乐观，以致工作部署操之过急。如在根据地尚未巩固、广大群众没有充分觉悟和迫切要求的情况下，急于在一部分地区实行土改，并且把大批党员干部和主要领导的精力，放在土改分田的工作上。而对于如何加强武装部队的建设，建立一支全区性主力部队，加强新建部队和民兵常备队的政治军事训练，以及充分做好粮食、武器、弹药等物资的准备工作，以便随时反击敌人的进攻，则没有给予足够的注意。三是这次反"清剿"斗争遭受较大损失，敌我力量悬殊是主要原因，而五岭地委和解放总队在工作指导上的失误，也是重要原因。盲目轻敌，军事上缺乏准备，在敌人重兵压境时，只好仓促应战也是一个不可低估的因素。由于过早土改和土改中采取了过"左"的政策，侵犯了中农和圩镇工商业者的利益，错伤了一些开明地主和倾向共产党的乡、保长的积极性，扩大了打击面，使一些过去同情革命的开明士绅和不反动的地主、富农不再积极支持游击队，有的甚至站到敌人一边，增加了反"清剿"斗争的困难。四是在军事指导上的失误，主要是没有及时集中力量，抓住有利战机打击敌人。尤其是在敌人进攻锋芒过后，没有运用毛泽东军事思想，集中兵力，把握好战机，机动灵活地歼灭敌人。当后来隆昌部队调走，情况紧急需要时，兵力集中不起来，形成不了拳头打击敌人，耽误了战机。如邓坊、珠玑战斗，只将来犯的敌人打退，未能将其消灭。在斗争中暴露了一个很大的缺点，就是对敌军的情报工作没得到很好的发展，主要靠韶关地下党组织设立的一个情报联络站，没有建立全区的情报网。更没有派出可靠的人员打入敌人指挥机关和要害部门，致使耳目不灵，在敌人进攻时，得不到敌人可靠的军事情报，这也是造成军事斗争处于被动的一个主要原因。

会议对今后的工作进行了认真研究，并作出决定：1. 暂时停止土改；2. 主力部队暂时转移到新区活动，跳出外线作战，减少南雄游击队的压力，变被动为主动；3. 坚持老区斗争，把原属南雄的地方游击队和一些地下党员留下来坚持斗争，继续打击敌人；

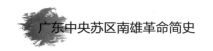

4.加强地方党组织的建设，整顿民兵常备队，协助游击队开展斗争；5.坚持农村统一战线，严格区分两类不同性质的矛盾，调整好各阶层之间的关系，争取团结一切可以团结的力量共同对付敌人。

三、武装斗争形势的新发展

帽子峰会议后，解放总队一方面留下一部分力量坚持山地和平原游击战争，另一方面把主力部队转移到敌人力量薄弱的湘南和赣南地区去开辟新区。于是，张华、黄业、刘建华都率领主力部队到邻近的湘南、赣南去开辟新区。只留下郭显亲率领一支队伍在南雄帽子峰坚持斗争；赖超雄、董缨率领一支队伍在南雄的乌迳、孔江、老龙一带坚持斗争；何高率领一支队伍在南雄油山坚持斗争。留在老区的各支队伍，也开始主动地向敌人进攻，经常派出小分队到处偷袭和干扰敌人，使敌人不得安宁。

为了迅速恢复南雄平原的斗争局面，总队长黄业率领机关和部队，于8月间从湘南回到了帽子峰，同时派出陈子扬和邱才率领短枪队，到南雄的雄余线上活动，开展群众工作，保护雄余公路来往客商，并向来往运输车辆合理收税。这样，既解决了部队的给养，又牵制了敌人，还扩大了政治影响，增强了群众的斗争信心。11月间，六支队派周来、戴甦率领50余人袭击了驻在南雄江口圩的县保安警察中队，不到 20 分钟就结束了战斗。这次共俘敌 30 余名，缴获轻机枪一挺、步枪 32 支、子弹 1200 多发和电话机一部。这是敌人"清剿"以来，游击队克复的第一个平原据点，也是解放总队在南雄地区由防御转为进政的开始。

1948 年夏，神勇大队长兼路西工委副书记郭显亲，率领神勇大队由横水转到油山地区活动。同年秋天，又从油山回到南雄北山的上嵩、下洞、横水一带活动。他经常带领几十名武工队员到各地活动，一方面去宣传发动群众，还很注意去做地方势力的工作，争取、团结、分化他们；另一方面还要为部队提供经济给养。武工队里的刘烈琼、刘烈任等在承庆乡一带活动；胡辉瑞、杨铭谱等在邓坊、中站、祇芫、下汾等地活动；朱德美、林志祥等在珠玑一带活动；张英裘、张祥龙、曾友贤等在湖口、水口一带活动。这些分散的武工队，到处打击、干扰敌人。

解放总队主力部队转到外线作战后，徐道昌率领的南雄大队也到了南雄北山帽子峰一带坚持斗争。有一天，徐道昌率领 50 多人在大水山与敌人激战，打退了敌人的进攻。战斗持续大半天，游击队打得英勇顽强。平时也经常派出武工队到附近的村子去筹集粮食和干扰敌人，所到之处也很注意做好宣传工作。

解放总队打破敌人的"清剿"后，又从外线回到油山根据地，训练队伍，加强根据地建设。1948 年 12 月，解放总队第一、六支队主力集中在油山附近，捕捉战机。有一次，地方党组织送来情报：大庾和南雄的保安团近几天来调动频繁，有联合进攻油山的企图。刘建华、叶昌和戴耀得知情况后，经过认真研究，决定趁敌人尚未发现总队主力集结油山的有利时机，伏击进山"搜剿"的敌人，给敌人一次沉重的打击。伏击地点定在邓坊乡上扬梅龙头山。这里有一条油山与平原相接的大路，是雄余山区之间往来的要道。两边山高路险，草深林密，有一条狭长的山谷，谷底溪深流急，是打伏击战的好地方。12 月 17 日深夜，分散驻扎在油山各地的 400 多名指战员，遵照总队的命令，依时开赴伏击地点埋伏，等待敌人到来。直到 19 日下午 3 时，敌人一个营的兵力，才从大庾方向开来。当敌人先头连队全部进入伏击圈后，总队立即发起攻击。轻重武器齐发，子弹像雨点般射向敌人，一下子把敌人打得晕头转向，四处逃窜。敌人的先头连队很快就被消灭了。这一仗共毙伤敌排长 2 名、士兵 22 名，俘敌连长以下官兵 24 名，缴获轻机枪一挺、长短枪 27 支、炮架一副、子弹 1000 多发、军用物资十余担及文件一箱。游击队员伤亡 4 人。此役是解放总队由分散活动转为集中主力部队歼敌的第一次胜利，对整个五岭地区影响很大，鼓舞了南雄各根据地军民的斗志。这是解放总队在反"清剿"斗争中，由被动变为主动的转折点。

第四节　向敌人发动全面进攻

一、北江第二支队成立与组织建设的加强

1948 年 12 月 30 日，中共中央主席毛泽东在为新华社所写的新年献词中发出"将革命进行到底"的伟大号召，公开宣告：中国人民解放军将在 1949 年向长江以南进军，推翻蒋家王朝，解放全中国。

1949 年 1 月，中国人民解放军粤赣湘边纵队（以下简称边纵）宣告成立。为了适应和统一粤赣湘边区纵队成立后的新体制，边纵于 2 月间电令五岭地区的解放总队改名为"中国人民解放军粤赣湘边纵队北江第二支队"（以下简称"北江第二支队"）。司令员黄业，政治委员张华，副司令员刘建华，政治部主任陈中夫。原解放总队所属各支队，改为团的建制，团以下设营。

全国解放战争的大好形势和五岭地区反"清剿"斗争的胜利，极大地鼓舞了南雄全县军民的斗志。五岭地区的武装斗争也进入了对国民党反动派的战略进攻阶段。3 月，五岭地委在南雄油山的畲箕窝召开了扩大会议。会议总结了前一段的工作，研究了新

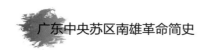

的斗争部署，决定抓住有利时机，乘敌人混乱惊慌之际，集中主力部队向南雄平原地区发动攻势，尽快地恢复和扩大五岭根据地，做好迎接南下大军的准备工作，配合大军作战，解放粤赣湘边区。

1949 年 1 月，五岭地委为了加强城市工作，派中共党员彭克礽到南雄县城开展地下工作。他到南雄县城后，经党组织同意，将中山大学学生、爱国民主协会成员庄诗椿、郭隆钰分别调到赣州市和南雄县城从事城市地下工作。郭隆钰回到南雄县城后，动员了一些进步同学参加革命工作，建立了从南雄县城通往游击区的联络站，工作人员有 4 人。他们经常运送物资到游击区，支援了游击队的斗争。与此同时，他们还建立了南雄地下团组织，团员有 3 人，在县城经常进行革命活动。

1949 年 3 月，五岭地委根据斗争形势发展的需要，决定成立中共南雄县工作委员会，书记吴新民，副书记郭显亲，组织委员胡辉瑞，宣传委员王平，所辖党员有 200 多名。同时成立南雄县人民政府，县长吴新民（兼），秘书郭显亲（兼）。还成立了五个区政权：一区区长杨铭谱，二区区长刘烈璟，三区区长赖超雄，四区区长张祥龙，五区区长朱德美。县工委、县政府机关设在珠玑乡苔塘村附近山地的长窝俚。

1948 年冬，驻粤赣湘边国民党军隆昌部队北调后，国民党在南雄、始兴地区还有六个护路中队，赣南和湘南各有一个保安团，各县有一个保安营或自卫大队，还有一些联防队。年底，刘栋材的国民党六十三军军部和所辖一八七师调来南雄。一八七师虽是正规军，但经过解放军的沉重打击，剩下的都是些残兵败将，士气十分低落，战斗力很差。地方团队也是一盘散沙，战斗力也都很弱。

1949 年初，五岭地委根据敌我力量对比敌人兵力薄弱的情况，决定首先在雄余边根据地和始兴根据地将主力集中起来，以保安团为主要目标，逐个予以歼灭，首先恢复南雄、始兴平原根据地，以推动整个五岭地区的武装斗争。

4 月下旬，解放大军渡过长江后，解放了南京。5 月上旬，中共中央华南分局发出《对大军渡江后华南工作的布置》，要求各地游击队在解放大军未到之前，必须先将各地农村完全解放，并控制在自己手中，以便解放大军到来时，可以集中力量去解决城市的敌人和追击残敌。五岭地委遵照这一指示精神，立即部署恢复南雄、始兴平原根据地的工作。首先确定恢复南雄东部平原地区，使南雄与始兴、信丰两处游击根据地连成一片，以便进一步扩大平原游击区，解放广大农村，把敌人孤立在县城里。

二、向南雄敌人发动全面进攻

为适应南雄地区革命形势的发展，有力地打击敌人，北江第二支队决定建立一个主力团在南雄开展活动。主力团成立后，立即精心组织了几次较大的战斗，打击盘踞南雄之敌，取得了辉煌的胜利。

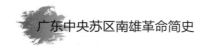

（一）樟树下伏击战

5月上旬，敌粤赣湘边区水陆交通自卫队（护路队）第五中队和驻大塘乡坪田坳分队100多人，在自卫大队长陶宗伯的指挥下，联合"进剿"油山游击队。北江第二支队领导获得这一情报后，立即将叶昌、戴耀两部400多名主力部队集中起来，于5月10日凌晨开到大塘乡夹河口附近的樟树下，布下了伏击圈。

上午8时，游击队前方监视哨报告，发现100多敌人从夹河口向樟树下走来，妄图进入油山"清剿"游击队。来犯敌人是叶肇"剿总"的直属队护路中队。全部美械装备，气焰嚣张。不一会，敌人已全部进入北江第二支队的伏击圈。指挥员一声令下，顿时机枪、步枪从四面八方齐向敌人开火。敌人突然遭到袭击，惊慌失措，乱作一团。经过十多分钟的战斗，敌人死的死，伤的伤，中队长翁永年也受了伤。敌人失去了指挥和抵抗的能力，纷纷缴械投降。不到半小时的战斗，共毙伤敌人40多人，俘敌少校以下官兵80多人，缴获轻机枪3挺、冲锋枪6支、掷弹筒3个、长短枪70多支、子弹和物资一批。北江第二支队方面，只有4人受伤。

樟树下伏击战的胜利是继去冬上杨梅伏击战之后又一胜利，使雄余两县的敌人大为震惊。战斗的胜利，成为北江第二支队在反"清剿"斗争中，从战略的局部进攻转为全面进攻的开始。

（二）龙口战斗

樟树下伏击战后，为了迅速解放南雄广大农村，扫除南雄平原敌人据点，迎接南下大军，北江第二支队领导机关率主力一团从山区开赴平原。领导机关驻进东部平原的龙溪乡水松村。

距离水松村十余里的国民党龙溪乡乡公所所在地——龙口村，驻扎着敌人一个联防中队。该中队是叶肇在重点进攻时，在南雄东部安下的一个"钉子"。这个联防中队成员多数是兵痞流氓，平时仗着叶肇的势力，欺诈贫苦农民。但该中队拥有较好的武器，据守在一座四面环水的水楼里（当地人叫水城），只有一条路与外面相通，并筑有坚固的工事，易守难攻。为此，这个敌人据点被北江第二支队定为重新向平原发展的首先打击的目标。

6月6日上午，驻在龙口村的龙溪乡联防中队派出一个班到水松村催粮。北江第二支队主力一团的战士发觉了他们的行动，马上向领导作了汇报。北江第二支队支领导人经研究，决定立即在该村设下埋伏。敌人进入水松村后，就全部被俘获。经过支队领导的教育，这些俘虏表示痛改前非，愿立功赎罪。支队领导决定将计就计，利用这个机会奇袭龙溪乡联防队，拔掉这个"钉子"。由中队长邹裕光、叶梅带领一批战士，乔装打扮成送粮的农民，每人挑着箩筐，身上藏着武器，由联防队员揹着下掉撞针的步枪，"押着"挑箩筐的"农民"，向龙口村走去。黄业和叶昌率领主力团随后跟进。当送粮的"农民"接近水城时，守门的敌人还以为他们的人押着农民挑粮回来了。一个走在前面的俘虏上前叫门，敌人拉起闸门。不料当游击队员快要接近城门时，被炮楼上的敌人发现。敌军立即放下闸门，向游击队开枪。邹裕光、叶梅马上指挥队伍散开，占据有利地形进行反击。后面的部队听到

枪声，意识到前面出了问题，立即跑步前进。主力团赶到后，黄业、叶昌看了地形后，决定强攻，立即命令突击队和爆破组，迫近水城大门，进行爆破，一声巨响，炸开了大门。突击队员一拥而上，冲进水城，击毙了敌人的机枪手。其余敌人见势不妙，不敢抵抗，纷纷举手投降。这次战斗，俘敌龙溪乡乡长叶香山和联防中队长叶温荣以下官兵40多人，毙敌数名，缴获机枪一挺、步枪30多支、短枪3支、子弹及物资一批。龙口据点被捣毁，龙溪乡一带平原地区重获解放。

（三）南亩战斗

龙口战斗胜利后，北江第二支队主力一团乘胜进攻坪田。坪田敌人早已闻风而逃。主力一团挥师转向南亩。驻扎在南亩的南雄县保安团一个营，为了避免遭到北江第二支队的打击，亦已于前一天晚上撤回南雄县城。北江第二支队主力一团便进驻南亩圩。

南雄敌人遭到北江第二支队连续几次歼灭性的打击之后，仍不甘心失败，还要作垂死挣扎，于是集中残兵败将向南亩反扑，要与北江第二支队主力一团决一死战。北江第二支队得到这一情报后，调集了戴耀的主力和始兴的部分主力集结南亩，作好歼灭敌人的部署。

6月13日，敌保安团一个营和交通总队一个中队及六十三军的炮兵排共400余人，从南雄出发，向南亩扑来。北江第二支队先在水口通往南亩的大路两旁埋伏，准备诱敌深入，然后歼灭之。不料敌人不走大路，却从黄坑至南亩的一条小路走来，刚好与北江第二支队叶福中队相遇。敌人发觉后，即派一部分兵力企图抢占山头，但被北江第二支队包围，敌人一个排被歼灭了。另一部分敌人向南亩圩扑来，也被北江第二支队歼灭。其余敌人见北江第二支队人多，形势对他们不利，怕全军覆没，急忙率领残部狼狈逃回南雄城。

南亩战斗共毙伤敌人连长以下官兵40多名，俘敌排长、班长各一名，缴获轻机枪一挺、枪榴弹筒一个、长短枪、弹药及军用物资一批。北江第二支队方面伤亡十余人，中队长叶福在战斗中英勇牺牲。

龙口、坪田、南亩相继解放后，新田、水口等地的敌人，惊恐万状，害怕遭到北江第二支队歼灭性的打击，都纷纷放弃据点，逃进南雄县城。至此，南雄除县城外，其广大农村已基本解放。北江第二支队控制的地区大大地扩大了，原来的区、乡政权和农会组织得到了恢复，民兵组织也恢复了。区、乡人民政府纷纷成立，新生人民政权积极发动群众，做好支前工作，迎接南下大军解放南雄。

第五节　迎接南下大军解放南雄

一、梅关会师

1949 年 8 月 14 日，中国人民解放军第四野战军第十五兵团四十八军解放了赣州。退守赣南的国民党军队如惊弓之鸟，纷纷南逃。由司令员张华、副司令员叶昌率领的北江第二支队主力一团和大庾罗景福的起义部队在向大庾挺进途中，与赣南支队一部会合后，于 8 月 16 日一举解放了大庾县城。18 日，南下大军、赣南支队、北江第二支队共约 5000 余人，在大庾县城举行庆祝胜利会师大会。双方互赠锦旗，南下大军还送给北江第二支队和赣南支队机关枪和六〇炮。至 8 月下旬，赣南各县相继解放，南下大军直逼广东。

9 月 19 日，五岭地委副书记袁鉴文接到从赣州发来的紧急通知，解放军决定于 9 月 23 日进攻南雄县城，24 日攻占始兴县城。

23 日上午，张华、叶昌率领北江第二支队，由大庾县城直达南雄北部境内的梅岭。由该支队主力团刘裕安营在梅关前列队等候，迎接南下解放军。当天下午，从南康出发的中国人民解放军第二野战军第四兵团第十五军四十五师先头部队的指战员，浩浩荡荡地进入广东南雄县境内，通过雄伟的"南粤雄关"关楼，同北江第二支队胜利会师。在巨幅的毛主席画像前和鲜艳夺目的红旗下，战友们都沉醉在无比欢乐的气氛中。随军摄影组把这热烈的场面拍成了电影纪录片。这一振奋人心的消息，给南雄县党组织和广大军民以极大的鼓舞，他们更加认真地做好支前工作，配合南下解放军解放南雄。

二、配合解放军解放南雄城

南雄北倚梅岭，南临浈水，是粤北进入江西的主要通道，成为韶关东北面的一道屏障。国民党军为了防止解放军南下，以南雄、始兴为韶关的第一道防线，由六十三军一八六师五五八团驻守南雄城，并沿雄余公路一线布防，一直延伸到梅岭脚下。

梅关会师之后，解放军第十五军四十五师及各团指挥员，立即作好战斗布署：一三五团迂回到梅岭脚下的敌军防御工事侧背，截断敌人退路。一三三团从左翼直插浈水南岸的雄始公路上警戒，一方面防止南雄城的敌人南逃；另一方面阻击始兴来援之敌。一三四团在北江第二支队的配合下，直取南雄县城。一三四团和北江第二支队接受任务后，沿着崎岖的山路和湿滑的田埂跑步前进，于24日凌晨3时许，到达南雄城北郊。敌人还在睡梦之中，

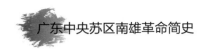

一三四团就将驻在二塘的一个保安营歼灭了。接着，该团的一部和北江第二支队在南雄城西北的琵琶岭歼灭和俘虏逃敌300余人。十五军直属侦察分队也在城南一河相隔的河南街歼灭逃敌300多名。凌晨4时，城内敌人得知城外敌人被歼的消息，惊恐万状，准备逃跑。这时，解放大军和北江第二支队已兵临城下，从东面、南面和北面发起攻击。一三四团一营首先攻破东门（宾阳门），与守城的敌一八六师五五八团交火约半小时后，占领了国民党南雄县政府。三营和北江第二支队从北门攻入城内，三营疾步奔向城南的河南桥边，见敌军正在放火烧桥。解放军战士冒着烟火冲过桥去，消灭桥上守敌，立即扑灭桥上大火，保护了这座100多米长的木石结构的大桥，使解放军大部队顺利通过。到了拂晓，城内的敌人已全部歼灭。国民党南雄县长华文治见势不妙，带着几个亲信，偷偷地从西门溜出城外，往全安飞机场的方向逃跑了。

解放南雄城的战斗，仅历几个小时，共歼灭敌六十三军一八六师五五八团两个营及保安团一部，共计1300余人。

解放军旗开得胜，夺取了岭南第一座县城——南雄城，南雄全县获得解放。南雄人民从此翻身做了主人，他们继续发扬老区人民的革命优良传统，全力以赴，支援前线，支援南下大军解放全广东。

三、军民同心战无不胜

1949 年 8 月下旬，江西全省获得解放。南下大军在江西各驻地进行休整后，准备向广东进军。同江西接壤的南雄县在迎接大军南下、支援前线方面要负担重大的任务。因此，五岭地委决定，对早在 3 月份就已建立的南雄县党政班子进行调整和加强，以适应形势的需要。首先，将中共南雄县工作委员会正式改为中共南雄县委员会，由张尚琼任书记。接着于 8 月 21 日在珠玑乡苔塘附近成立南雄县人民政府，由张尚琼兼任县长。并在部分地区先后成立了八个区人民政府：一区区长杨铭谱，区政府设在里东；二区区长刘烈璪，区政府设在黄坑圩；三区区长赖超雄，区政府设在乌迳圩；四区区长张祥龙，区政府设在水口圩；五区区长徐道金，区政府设在佛岭头；六区区长张建勋，区政府设在里岗岭，后迁廓公岭；七区区长朱德美，区政府设在百顺圩；城关区区长郭显亲，区政府设在城关镇（现雄州镇）。还成立了 27 个乡政府和 7 个街道组织。

9 月中旬，五岭地委书记、北江第二支队司令员张华和政治部主任张尚琼前往赣州接受任务，决定成立"北江第二支前司令部"，由张华任司令员兼政委，郑刚任副司令员，袁鉴文任副政委。张华回到大庾后，立即派北江第二支队副司令员叶昌率领主力一团开往南雄的梅岭、邓坊一带活动，配合南雄地方游击队和地下党组织做好支前工作。

9 月 21 日，张尚琼也回到南雄邓坊乡的竹山下，传达了赣州

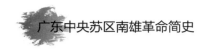

会议精神，并成立了南雄县支前委员会，由张尚琼任支前委员会主任。各区也成立了支前指挥所，派出大批干部到各地去做宣传发动工作，组织借粮队，向老百姓借粮，支援解放大军。南雄的广大群众听到快要解放南雄时，情绪极为高涨，心里有说不出的高兴，都积极响应共产党的号召，在生活极其困难的情况下，为解放军筹集了大批的粮食、蔬菜、稻草、木柴。在很短的时间内就完成了任务，计共筹集军粮 375 万斤、木柴 33.85 万斤、稻草 3.5 万斤和蔬菜一大批，解决了数万大军过南雄时所需要的粮食、蔬菜、柴草等物资，使解放军顺利地解放了南雄全境。在解放军解放南雄过程中，南雄民兵亦作出了自己的贡献。如瑶坑村民兵，不但为解放军带路，而且还赤手空拳活捉敌兵十多名，缴获冲锋枪和美式步枪数支。

当解放大军向南雄进军的时候，南雄支前委员会又组织起民工 6 万多人，调派各种车辆 55 辆、民船 120 只，积极为解放大军运送军用物资、抬担架、带路；还在大军经过的路旁设茶水站，向大军供应茶水。邮电工人则迅速恢复邮电通信。这些具体行动都充分体现了南雄全县人民群众对人民军队的热烈拥戴和支持。富有革命光荣传统的南雄人民，在支前工作上尽心尽力，为南下大军解放广东全境作出了重要的贡献。

后　记

为深入学习贯彻习近平总书记关于传承红色基因、弘扬革命精神的重要论述，贯彻落实全省老区苏区振兴发展工作现场会议精神，藉 2021 年中国共产党成立 100 周年、中央苏区正式成立 90 周年之际，我们编撰出版这本《广东中央苏区南雄革命简史》。

《广东中央苏区南雄革命简史》共分前言、党组织的创建和大革命时期、土地革命战争时期、全民族抗日战争时期、解放战争时期、后记六个部分。该书主要以《南雄人民革命史》为基础，吸收了近年来挖掘的关于南雄中央苏区历史的最新档案文献资料及最新研究成果，将中共南雄组织在各个历史时期带领南雄人民进行革命斗争的历史过程进行了较为全面的展示。在该书编撰出版之际，衷心希望此书能给人以历史启示，让党的革命传统、优良作风在新时代进一步发扬光大。

因编写时间紧、任务重，加之编者水平有限，难免有错漏之处，欢迎广大读者给予批评指正。

编　者

2021 年 3 月